DANKE, DEPRESSION

FABIO PORTA

Bibliografische Information der Deutschen Nationalbibliothek

Die Deutsche Nationalbibliothek verzeichnet diese Publikation in der Deutschen Nationalbibliografie; detaillierte bibliografische Daten sind im Internet über http://dnb.de abrufbar.

Wir sind ein relativ junger Verlag und sehr dankbar für jede Art von Feedback. Sollten Sie daher Anregungen oder Fragen haben, würden wir uns sehr freuen, von Ihnen zu lesen:

info@lemonmedia-verlag.de

Erstauflage

ISBN 978-3-96645-613-5   Taschenbuch
ISBN 978-3-96645-614-2   eBook

Redaktion: Bleikolm Reinhardt
Satz: Dębowski Tomasz
Lektorat: Kramer Lana
Druck/Auslieferung: WirMachenDruck/ Runge Verlagsauslieferung

Impressum:

BMU Media GmbH
Koppenstraße 93
10243 Berlin
Deutschland

Weitere Informationen zum Verlag finden Sie unter:

www.lemonmedia-verlag.de

Wir wünschen Ihnen viel Vergnügen beim Lesen!

DANKE, DEPRESSION

FABIO PORTA

Unsere Bücher wollen gelesen werden ...

... deshalb gibt es zu jedem Taschenbuch

das e-Book gleich kostenlos mit dazu!

Gehen Sie dazu einfach auf
epub.lemonmedia-verlag.de
oder scannen Sie den
abgebildeten QR Code.
Auf der Website können Sie dann
Ihren Zugangscode eingeben.

epub.lemonmedia-verlag.de

Den Code für Ihr eBook finden Sie
auf der Seite: 255

Wir wünschen viel Freude mit Ihren zusätzlichen Inhalten!

Haben Sie Fragen zu Ihrem eBook? Wir sind gerne für Sie da!
Sie erreichen Sie uns unter info@lemonmedia-verlag.de

Inhaltsverzeichnis

Hi, ich bin die Depression.
Ich gebe nach jedem Kapitel Denkanstöße
und halte Mattia den Spiegel vor.

Hinweis

In diesem Buch geht es um die Depression, mit allen Begleiterscheinungen. Es geht darum, Missstände in der Aufklärung aufzuzeigen und Hoffnung zu geben. Dieses Buch hilft Menschen, die an einer Depression erkrankt sind, und liefert Tipps für Angehörige im Umgang mit nahestehenden Menschen.

Ähnlichkeiten mit lebenden oder anderen Tieren sind in einigen Fällen rein zufällig und häufig absolut beabsichtigt. Solltest du dich selbst in einer dieser Figuren wiederfinden, wäre dies schon wirklich sehr, sehr seltsam. Und lustig.

Personen, Orte und Handlungen sind fiktiv.

Vorwort

Eine Depression ist nicht immer sichtbar. Ein Mensch kann lachen, Freude spüren, produktiv sein, viel arbeiten, mitten im Leben stehen – und an einer Depression leiden. Es ist notwendig, offen mit dieser psychischen Erkrankung umzugehen. Niemand sollte sich für eine Depression schämen oder dafür, Hilfe anzunehmen. Wir müssen unbedingt verlernen, was uns sehr früh beigebracht wurde, denn Hilfe annehmen ist stark, Hilfe annehmen ist gesund, Hilfe bringt uns weiter.

Eine Depression ist eine psychische Krankheit – sie definiert nicht, wer du bist. Wenn du dieses Buch in die Hand genommen hast, hast du eine Entscheidung getroffen – eine Entscheidung, für dich zu sorgen und genau hinzuschauen. Sei stolz auf dich. Ich wünsche dir von Herzen viel Freude und viele Erkenntnisse.

Komfortzone verlassen

Ich bin fertig. Nach sechs Jahren ist es an der Zeit, ein Kapitel zu beenden, um ein neues Abenteuer zu beginnen. Ich blicke auf ein bisher erfolgreiches Berufsleben als Sportredakteur zurück. In sechs Jahren bin ich zur Führungsfigur aufgestiegen – und das mit meinem Hobby, dem Fußball. Fast jährlich wurde ich befördert, durfte jede Woche ins Stadion und stand dauerhaft unter Adrenalin. Von außen betrachtet könnte es nicht besser laufen, oder? Ich fand ohne Studium meinen Traumjob, hatte finanziell überhaupt keine Sorgen und durfte mich mit meinem Lieblingsthema beschäftigen. Das war keine Arbeit für mich und dafür gab es auch noch Geld. So habe ich mir das vorgestellt. Ich dachte, das müsste mein Traumleben sein. Ich dachte, ich habe es geschafft. Ich dachte, ich bin beruflich erfüllt und meine Zukunft ist geklärt. Aber das war ein Trugschluss. Das sieht nicht mehr nach meinem Leben aus. Es reicht mir nicht.

Ich war schon länger nicht mehr zufrieden mit dem Job. Die eigene Entwicklung kam mir zu kurz, ich funktionierte nur, steckte ständig im Hamsterrad und dachte, dass ich hier nichts mehr lerne. Hier wurde mir die letzte Energie genommen, ich arbeitete sieben

Tage am Stück bis spät in die Nacht. Und nach der Arbeit hatte ich keine Lust mehr, mich mit meinem Hobby zu beschäftigen.

Das Gefühl, dass ich die Lust verloren habe, dass ich eigentlich am Ende bin, ist immer stärker geworden, bis ich einen Entschluss fasste: Es war an der Zeit für mich, die Komfortzone zu verlassen und den Sprung ins kalte Wasser zu wagen. Ich suchte einen anderen Job und kündigte. Monatelang hatte ich Gespräche, denn ich wollte ja den nächsten Schritt machen, eine neue Herausforderung angehen, aber nicht unbedingt ein großes Risiko eingehen. Dabei war es schon ein großes Risiko, den sicheren Job hinzuwerfen, von einem Konzern zu einem jungen Unternehmen zu wechseln. Ich wollte wohl die besondere Herausforderung. Ich wollte mich wieder spüren.

«Wow, Respekt», meinte Leonardo, mein Cousin.

Diesen Satz hörte ich oft. Will ich diesen Job wirklich aufgeben? Und dann auch noch in ein junges Unternehmen wechseln, das keiner kennt? Für mich fühlte es sich irgendwie gar nicht nach einem großen Risiko an. Ich merke, dass ich bereit bin. Nach zwei Jahren jammern, überlegen, tüfteln, bewerben, wieder überlegen, hadern und sich drücken ist es endlich soweit. Ich will für mich ein neues, aufregendes Kapitel aufschlagen. Das kann ich nur, wenn ich meine Komfortzone verlasse. Sonst bleibe ich stehen. Sonst verstaubt mein Gehirn. Sonst bewege ich mich nicht weiter.

Meine Leistungsbereitschaft ist angeboren. Egal, was ich tue. Da widersetzt sich was in mir gegen Stillstand. Ich will mich weiter bewegen, nach Veränderung streben und daran wachsen. 30 Jahre im selben Job festzusitzen - undenkbar für mich. Ich glaube, das Leben hat viel mehr auf dem Kasten. Mein Leben hat mir viel mehr zu geben, als ständig im gleichen Trott zu traben. Trotzdem habe ich auch gezweifelt. Ist das richtig, was ich da tue? Sollte ich nicht doch bleiben?

Da gab es eine Geschichte, die mir bei der Entscheidung geholfen hat.

Es ist das Jahr 2017. Ich sitze im Newsroom und bin heute Chef vom Dienst, das sagt man im Medienbereich so, wenn man für den ganzen Inhalt verantwortlich ist. Ich verteile Aufgaben und sitze acht Stunden auf einem brennenden Stuhl, denn ständig passiert etwas, was meine Handlung erfordert. Heute ist die Vorstellung von Francesco Totti bei Juventus Turin. Er wechselt von Real Madrid zu Juventus, ein spektakulärer Deal, den niemand für möglich hielt. Über 100 Millionen Euro kostete er. Er stellt sich heute in seiner ersten Pressekonferenz als Juventus-Spieler vor. Es ist also ein großer Tag, auch für den News-Sender. Die Pressekonferenz wird live übertragen, es ist geschichtsträchtig. Im Redaktionsmeeting werden alle Aufgaben verteilt, es scheint alles vorbereitet. Ich setze mich also wie gewohnt an den Rechner und überwache, dass alles online läuft und jeder seine Aufgaben erledigt. Die Pressekonferenz geht los, plötzlich platzt jemand in den Newsroom.

«Wer kann hier Italienisch? Die Pressekonferenz wird nicht auf Englisch übersetzt, sondern findet nur komplett auf Italienisch statt. Wir bekommen den Feed nicht rein. Wer kann Italienisch???»

«Ich kann Italienisch», sage ich. Aber ich bin hier beschäftigt.

«Kannst du für uns die Pressekonferenz übersetzen?»

«Was??? Das habe ich noch nie gemacht. Ich weiß nicht, ob ich das tun sollte. Perfekt ist mein Italienisch nicht.»

«Du bist unsere letzte Chance. Nikolas versucht es gerade mit ein paar Brocken Spanisch, aber das funktioniert nicht. Probier es einfach, es passiert nichts.»

Ich sollte die Pressekonferenz von Francesco Totti simultan vom Italienischen ins Deutsche übersetzen. Ich war Sportredakteur, kein Sprecher oder Dolmetscher. Ich kann gut Italienisch, aber ich bin in Deutschland aufgewachsen. Ich bin kein Muttersprachler und das verunsicherte mich. Ich sollte noch erwähnen, dass Juventus mein Lieblingsverein ist.

Ich zögerte etwas und habe Angst. Aber trotzdem reizte es mich.

«Ich kann aber nicht versprechen, dass ich alles richtig verstehe.»

«Bitte, Mattia. Versuch es.»

Ich überlegte. Irgendwie schießt es mir das Adrenalin rein, es ist total verrückt. Ich habe noch nie etwas in ein Mikrofon gesprochen und dann soll ich gleich mit so etwas anfangen. Ich will gar nicht weiter nachdenken und lasse mein Bauchgefühl entscheiden.

«Okay!»

Ich gehe also in die Sprecherkabine.

«Du musst den Kopfhörer aufsetzen und dann dolmetschen.»

Ja, nur mal eben die wohl wichtigsten Worte von Francesco Totti ins Deutsche übersetzen. Meine Übersetzung wird danach überall zu lesen sein. Und ich kann doch gar nicht simultan übersetzen, denke ich mir.

Am Anfang bin ich hörbar nervös. Ich stottere ein bisschen und bin unsicher, auch weil alles so schnell geht. Ich habe kaum Zeit, für mich zu übersetzen und muss es dann schon einsprechen. Krass! Hilft aber nichts, ich muss es tun. Einfach rein plaudern. Mein Herz schlägt immer schneller. Ich mache einfach, denke nicht nach und spreche in das Mikrofon. Es dauert nicht lange und ich rede wie aus einem Guss. Ich verstehe nicht jedes einzelne Wort, aber mein Italienisch ist doch viel besser, als ich dachte. Ich übersetze, als ob ich das jeden Tag mache. Das Adrenalin schießt hoch und ich bin völlig begeistert, bin in meinem Tunnel. Nach über zehn Minuten ist es vorbei. Ich bin total am Schwitzen, aber absolut happy. Etwas zögerlich bin ich aber trotzdem. Keine Ahnung, wie das für den Sender war. Ich nehme den Kopfhörer ab. Ich zweifle an mir. Bin ich jetzt in Schwierigkeiten?

«Meinst du, das hat so gepasst?»

«Das war großartig, Mattia! Du hast uns den Arsch gerettet. Vielen Dank!»

«Sicher? Du kannst es ruhig sagen, wenn es nicht gut war.»

«Hey, das war wirklich super, glaub mir! Toller Einsatz!»

Ich komme wieder in den Newsroom und werde mit Applaus empfangen. Jeder lobt mich. Im Newsroom sitzen in der Regel so 25-30 Kolleginnen und Kollegen. Ich bin immer noch verunsichert und denke, dass alle nur nett sein wollen.

«Am Anfang warst du etwas holprig, aber dann hat man gemerkt, dass du in deinen Flow kommst.»

Ich bin völlig überwältigt und stolz. Ich setze mich wieder an den Rechner und arbeite weiter. Das Adrenalin wirkt noch immer, so richtig auf die weitere Arbeit konzentrieren kann ich mich nicht. Dann kommt eine E-Mail des Chefs, der meine Arbeit nochmal hervorhebt.

«Ganz im Sinne von einer Einheit, vielen Dank für deinen tollen Einsatz.»

Diese E-Mail ging gleich auch an mehrere Chefs, darunter meiner. Fünf Führungskräfte haben auf diese Mail geantwortet, mit viel Lob und Anerkennung. Das hat mich aber irgendwie nicht interessiert. Mich hat interessiert, was mein Chef darüber denkt. Ob er sieht, was ich da gemacht habe. Ob er sieht, was ich draufhabe. Er war nie ein Mensch der großen Wertschätzung, das kann er nicht so gut. Das ist auch ein Grund, wieso ich gekündigt habe. Ich will gesehen werden. Dann kommt seine Antwort.

«Cool.»

Cool. Mehr kam da nicht. Ich war sprachlos und habe sofort gezweifelt. Gezweifelt an mir, ob ich ihn damit blamiert habe? Es ist verrückt, wie ängstlich ich plötzlich wurde. War es doch nicht so gut? Auch am nächsten Tag, als wir uns gesehen haben, hat er kein einziges Wort darüber verloren. Kein Feedback, kein Lob, keine Anerkennung. Ich habe etwas Unmögliches geschafft und dafür auch Wertschätzung bekommen. Aber sie war mir nichts wert, weil mein Chef mich nicht sieht.

Das war meine letzte Bestätigung, ein letzter Hinweis darauf, dass es verdammt nochmal richtig ist, zu gehen. Hier war ich fertig, auch wenn mir in den nächsten Tagen immer wieder ein Kollege oder eine Kollegin im Newsroom Lob aussprachen.

«Hey, Mattia! Super Einsatz, tolle Stimme!»

Das hat mir jedes Mal ein Lächeln ins Gesicht gezaubert. Ich war happy, aber die Enttäuschung über meinen Chef war größer. Ich war enttäuscht, fühlte mich aber in meiner Entscheidung zu kündigen gestärkt. Ich hatte bereits mehrere Jobangebote vorliegen und musste mich nur für ein Angebot entscheiden. Spätestens nach diesem Erlebnis hatte ich keine Zweifel mehr. Ich habe die Situation gar nicht mehr angesprochen und einfach weitergemacht, weiter gearbeitet, ohne mir etwas zu Schulden kommen zu lassen. Ich hätte mich die letzten Wochen auch einfach krankmelden können, hätte einen frühen Abgang erzwingen können. Aber ich bin ein loyaler Mensch, das kann ich nicht. Ich arbeite bis zum letzten Tag und das mit vollem Einsatz. Manche waren sogar von mir genervt und fragten sich vermutlich, wieso ich mir noch Mühe gab und mich über manche Dinge aufregte. Auch da habe ich gesehen, in was für einem Umfeld ich mich hier befand. Null Inspiration, null Bock, dabei ist es doch der Traumjob von allen. Meine Vorstellung von einem Traumjob ist anders.

Der Spaß war in den letzten Jahren leider immer mehr verloren gegangen. Ich fühlte mich erschöpft. Erschöpft von den vielen Spätdiensten, sieben, acht Tage am Stück. So was wie einen Tagesrhythmus kannte ich gar nicht mehr. Und wofür? Um im Hamsterrad zu liefern? Für hin und wieder ein Stellen-Upgrade, etwas mehr Geld. Doch ich brauche Wertschätzung und Anerkennung mehr als Geld. Das habe ich gelernt. Ich erhoffe mir, dass ich in meinem kommenden Job diese Anerkennung spüren werde und bin schon total motiviert. Ich soll ein kleines Content-Team leiten, meine erste richtige Führungsrolle.

Von meinen alten Kolleginnen und Kollegen werde ich liebevoll verabschiedet. Am letzten Tag wartet in der Küche noch ein Abschiedsgeschenk auf mich. Es ist ein Juventus-Trikot von Francesco Totti, mega cool! Dazu noch ein Einkaufsgutschein für einen italienischen Feinkostladen. In der Arbeit kennen mich alle als Gourmet, der eigentlich jeden Tag frisch kocht und viel Wert auf Essen legt. Da kommt der Gutschein gerade richtig. Meine Kolleginnen und Kollegen werde ich am meisten vermissen, der Zusammenhalt war vermutlich noch die einzige Motivation. Aber jetzt beginnt für mich ein neues Kapitel und darauf freue ich mich. Ich gebe am Empfang die Mitarbeiterkarte ab und dann endet nach sechs Jahren meine Zeit. Ich fühle mich frei.

Zwei Tage nach meinem 28. Geburtstag starte ich mein neues Abenteuer. Allein der Arbeitsweg ist schon eine Erleichterung. Statt 45 Minuten mit dem Auto fahre ich zehn Minuten mit dem Fahrrad zur Arbeit. Ich bin voller Elan.

An meinem neuen Platz wartet ein Willkommensgeschenk sowie Geburtstagsgrüße. Im ersten gemeinsamen Meeting werde ich vorgestellt. Dabei erfahre ich allerdings, dass ich gar kein Team leiten soll, dass da noch jemand über mir ist, der entscheidet. Hinzu kommt, dass auch gar nicht mehr der Kollege da ist, mit dem ich das Vorstellungsgespräch führte. Irgendwie komisch, aber was soll ich machen? Ich haue mich also direkt rein, will alles sehen, mitmachen. Ich bekomme ein paar Aufgaben zugeteilt und einen Dienstplan. In den ersten Tagen suche ich das Gespräch mit meinem Chef und will das Team kennenlernen. Das erweist sich als schwierig, denn irgendwie machen hier alle ihr Ding. Ich dachte, das ist ein junges Unternehmen und hier sind alle cool.

Ich merke, dass ich mit meinen Aufgaben überhaupt nicht ausgelastet bin. Ich versuche also, mich mehr einzubinden, stelle Fragen, hinterfrage laufende Prozesse. Für meine neuen Kolleginnen und Kollegen ist das scheinbar ein bisschen zu viel und ich bemerke, wie sich schon in der ersten Woche eine gewisse Anspannung aufbaut. Ich probiere weiterhin, auf alle zuzugehen. Ich denke zuerst, dass es ganz gut klappt. Aber jeden Tag gehe ich unzufrieden aus dem Büro. Einige Meetings finden ohne mich statt. Ich werde gar nicht eingeladen, obwohl es um meine Themen geht. Obwohl ich inhaltlich die Verantwortung trage. Das verstehe ich nicht. Vor allem, weil da ein Kollege ist,

Timm, der bisher scheinbar Narrenfreiheit genoss. Er darf machen, was er will. Er ist der Moderator und kümmert sich um alle Videos, Kooperationen und Kampagnen. Er hat tolle Aufgaben und macht das auch echt gut. Aber niemand arbeitet mit ihm zusammen, niemand kontrolliert seine Arbeit. Und daran hat er sich gewöhnt, denn er lässt sich auch nichts sagen. Ganz nebenbei: Er ist 21. Ich werde von einem 21-Jährigen aus der Reserve gelockt und bin überfragt. Das alles ist aber Nebensache, denn ich habe viel mehr auf dem Schirm, als mich mit dem Moderator zu streiten. Ich muss irgendwie einen Fuß in den neuen Job bekommen. Das funktioniert bisher gar nicht. Irgendwie muss ich mich behaupten, doch die Situation mit Timm spitzt sich zu, als ich ihn wegen eines Fehlers zur Rede stelle.

«Hey, hast du dir das Video mal angeschaut? Da ist der Schriftzug leider abgeschnitten. Kannst du das ausbessern?»

«Das ist doch nicht schlimm. Sieht man kaum.»

«Das finde ich nicht. Man kann gar nicht lesen, was da steht. Kannst du das bitte verbessern?»

«Nee, das bleibt so.»

«Siehst du den Fehler nicht?»

«Doch, aber das ist halb so schlimm. Ich mach' das jetzt nicht neu.»

«Ich glaube, es ist besser, wenn jemand über deine Clips schaut, bevor sie veröffentlicht werden.»

«Ne, ich mache das alleine. Ich brauche da keine Hilfe.»

«Ich weiß, dass du keine Hilfe brauchst. Aber so können wir Fehler vermeiden. Der Inhalt ist ja sonst gut.»

«Ich werde das so wie immer machen.»

Dann steht er auf und geht aus dem Raum. Ich bin wie versteinert, mir fällt keine Taktik ein, wie ich die Situation lösen kann. Ich bin ja nicht weisungsbefugt. Als ich das mit Thomas, meinem Chef, besprechen will, kommt nur folgende Antwort:

«Ja, der ist ein Freigeist, der macht das schon alleine. Lass ihn einfach machen.»

Ah ja. Der Fehler ist klar zu sehen, aber es soll so stehenbleiben. Und ich verantworte den Content. Das passt nicht zusammen. Ich merke, dass die zwei sich gut verstehen. So gut, dass der eine den anderen deckt. Ich gehe mit Magenschmerzen heim. Zu Hause muss ich plötzlich weinen. Ich weine, weil ich unglücklich mit dem Job bin. War es richtig, Sport5 zu verlassen? Wieso muss ich denn weinen? Und wieso benehme ich mich so merkwürdig? Was ist denn los mit mir? Irgendwie fühle ich mich hier nicht wohl und richtig, will weg. Ich will kündigen, das gefällt mir nicht und ich bekomme noch mehr Magenschmerzen.

In den kommenden Wochen wird es immer schlimmer für mich. Ich bin vielleicht zu 5 % ausgelastet, habe wenige gute Momente. Insgesamt fühlte ich mich unwohl in meiner Haut, wenn ich auf der Arbeit ankam. Ich führe einen Dienstplan ein, da wir auch an den Wochenenden arbeiten. Da sollte ich Timm ausklammern, da er Moderator ist und unter der Woche öfter länger arbeitete. Wie ich mitbekam, stimmte das auch nicht.

In den Meetings versuche ich weiterhin, mich einzubringen. Ich werde ignoriert. Das, was ich sage, wird gar nicht beachtet. Ich sitze da und sage meine Meinung, doch es geht mit anderen Punkten weiter. Ich bin überfordert, versuche weiterhin, nett und höflich zu sein, mir Mühe zu geben. Es wurde mit jeder Woche schlimmer. Ich fasse den Entschluss, mich erneut zu bewerben. Ich bin nicht überzeugt von dem Projekt, nicht überzeugt von den Kollegen und schon gar nicht von der Stelle. Ich suche noch einmal das Gespräch mit Alex. Er stellte mich ein und versprach mir ziemlich viel.

Er blockt ab. Das ist jetzt mein Bier, beziehungsweise ich muss das mit Thomas besprechen. Auf Thomas ging ich mehrmals zu, doch auch mit ihm harmonierte es nicht. An zwei der fünf Tage arbeitete er bis Mittag. Und ehrlich gesagt wusste ich gar nicht, worum er sich kümmerte. Das wirkte sehr dubios auf mich. So richtig konnte ich dem gar nicht auf den Grund gehen, weil mit mir selbst etwas passierte.

Plötzlich merkte ich, wie sich ein Teil unwohler fühlte, gleichzeitig aber in Ohnmacht fiel. Was war los? Ich hatte keine Ahnung. Das Ignorieren machte mich fertig, ich fühlte mich fehl am Platz. Was soll ich hier? Und wie wird hier gearbeitet?

Ich wollte weg, war aber unfähig. Ich konnte nicht handeln. Ich saß am Schreibtisch, regungslos, und erlebte, wie alle um mich herum Witze machten. Es wurde schlimmer.

«Na, du Homo?»

Ich drehte mich entsetzt um, aber ich war nicht gemeint. Die Jungs – also die Heteros – alberten herum, warfen mit Begriffen wie Homo oder Schwuchtel um sich. Teilweise begrüßten sie sich so. Sie wussten vermutlich nicht, dass ich schwul bin. Aber irgendwie machte es das für mich nicht besser. Mein Unwohlsein breitete sich immer mehr in meinem Körper aus, aber ich sagte weiterhin nichts.

Eigentlich ist genau das meine Stärke. Ich sage meine Meinung, klar und direkt, aber hier nicht. Hier war ich körperlich anwesend. Mein Verstand war weg. Ich ließ mir alles gefallen. Ich spürte einen Bruch in mir.

Was ist das? Jetzt ließ ich mir auch noch Homo-Sprüche gefallen. Auch wenn sie es nicht wussten und vielleicht nicht einmal verstanden, es änderte nichts an der Handlung und dass ich mich dadurch total unwohl fühlte. Ich wollte weg. Nach der Arbeit versuchte ich, das mit Sport und Feiern zu kompensieren. Ich traf Freunde, um mich wieder gut zu fühlen. Ich redete über die Situationen und dann passte es. Bis montags wieder der Wecker klingelte.

Im Dezember zitierte Thomas mich ins Büro und teilte mir mit, dass er am Ende des Jahres geht. Er kündigte. Wow. Das passte ins Bild. Vielleicht interessierte ihn deswegen nicht, was passierte, was Timm sich alles so leistete. Ihm war es egal. Die Stelle über mir wurde also frei, ein externer Ersatz wird vermutlich nicht eingestellt. Ich sollte gute Chancen haben, da ich sowieso fachlich die Verantwortung hatte. Vielleicht klappt es dann auch besser für mich, wenn ich Weisungsbefugnis habe, dachte ich mir.

Es war meine Hoffnung, aber es war zu spät. Ich fuhr immer öfter weinend heim oder gleich zum Sport, um den Tag zu vergessen.

Ich spürte Schmerz, Unbehagen, Machtlosigkeit, Wertlosigkeit. Meine ganzen Fähigkeiten versteckten sich auf dem Mond und ich lebte auf der Erde. Ich verstand nicht, was mit mir passierte. Ich merkte, dass da etwas passierte. Ich war total verunsichert und sah einen Tornado auf mich zukommen. Ich wusste aber nicht, was der Tornado mir mitteilen wollte. Ich wusste auch gar nicht, woraus der Tornado bestand. Vielleicht war ich fachlich ungeeignet für die Stelle, kannte mich mit Instagram nicht aus. Meine Ideen bemerkte niemand, ich bekam keine Aufgaben, aus Meetings wurde ich rausgehalten. Aber wieso wehrte ich mich nicht, verdammt! Ich konnte nicht einmal etwas sagen, als mehrere Kollegen neben meinem Platz homophobe Witze machten. Selbst wenn ich nicht schwul wäre, ich müsste was sagen. Stattdessen verletzte mich das, ich fühlte mich jetzt auch noch als schwuler Kerl nicht richtig hier. Würden sie mein Schwul-sein hier überhaupt akzeptieren?

Die Last auf mir wird immer schwerer. Wie kann ich mich davon befreien? Und wann? Ich hielt das nicht lange aus.

Ich beobachtete, wie die Arbeit gerade ohne mich weiterging. Ich beobachtete, wie ich da saß, regungslos, ohne Motivation, müde, erschöpft. Auch bei der Weihnachtsfeier wurde ich nicht warm mit den Kolleginnen und Kollegen und war froh über den Weihnachtsurlaub. Ich fuhr zur Familie nach Stuttgart und erhoffte mir Ablenkung. Bei der Familie ging es mir ein bisschen besser, sie lenkte mich von der Arbeit ab. Aber das Problem war nur etwas weiter weg. Es löste sich nicht auf. Für das neue Jahr nahm ich mir viel vor.

Über Silvester war ich bei Tom in Wien. Tom kannte ich noch aus München. Wir hatten mal was miteinander. Dann zog er nach Wien. Wir sahen uns irgendwann zufällig wieder. Ich verstand mich gut mit ihm und freute mich total auf den Besuch. An Silvester

waren wir bei seinem besten Kumpel auf einer Haus-
party, an Neujahr wollten wir ins Knox. Auch mit ihm
besprach ich die Situation, dass ich mich nicht wohlfühle und den Job wechseln will.

> Hey Mattia, hier ist deine Depression.
> Ich schicke dir schon seit mehreren Jahren Signale,
> doch irgendwie hörst du mich nicht. Nun kommen
> wir uns aber sehr nahe, denn du bewegst dich in eine
> Abwärtsspirale. Bemerkst du nicht, dass du dich
> komplett von dir entfernst? Bemerkst du nicht, dass
> du psychische Probleme hast? Fahr nicht nach Wien.
> Die Situation ist kritisch.

Was meine Depression sagen will...

Der Tornado ist zu sehen

In Wien wiederholte sich alles. Es begann eigentlich entspannt. Wir kochten mit ein paar Freunden und verbrachten den ersten Abend gemeinsam. Ich war schon unruhig und plante die Party. Ich dachte mir schon, eventuell in den Bunker zu gehen, auch wenn bald Silvester anstand. Um Mitternacht in der Schlange anstehen, das war mein Plan. Es waren schließlich noch zwei Tage bis Silvester, aus meiner Sicht genug Zeit für Erholung. Wir aßen und tranken gemütlich. Es war die perfekte Ablenkung von dieser Situation. Es wurde ausgelassener und meine Lust auf Party stieg. Tom ging spontan mit, die anderen verzichteten.

Wir stellten uns um 23:30 Uhr an, die Schlange war zumutbar. Ich wurde langsam nervös. Auch wenn ich im Bunker noch nie abgelehnt wurde, dieser Vibe in der Schlange ist eine Mischung aus Angst und Aufregung. Je näher wir uns der Tür näherten, desto weniger wurde geredet. Man konzentriert sich, cool und locker auszuschauen, aber doch so entschlossen, dass man keine Angst vor dem Laden hat. Dann waren wir dran.

«Zu zweit?»

«Ja, zu zweit.»

Wenige Sekunden später heißt es dann:

«Viel Spaß.»

Drin. Schnell Jacken abgeben, Shirt ausziehen, was konsumieren und dann ab auf die Tanzfläche. Dieser Vorgang wiederholte sich sehr oft. Bis sechs blieben wir, dann fuhren wir zu Tom. Ich hüpfte unter die Dusche und legte mich dann schlafen. Am Nachmittag ging es weiter, da kamen Lukas und Korbi aus Nürnberg.

Ich stand um 14 Uhr auf, wir frühstückten und dann machte ich mich schon fertig. Tom hatte keine Lust, er wollte fit sein für die Silvesterparty bei seinem besten Kumpel.

Im Bunker war ich ziemlich happy. Dieser Ort ist was ganz besonderes für mich. Hier treffen sich Menschen aus der ganzen Welt und feiern – unabhängig von Kultur, Hautfarbe, Sexualität – es ist ein freier Ort, wo alle so rumlaufen, wie es passt und dafür nicht verurteilt werden. Hier dürfen alle sein. Niemanden interessiert, was du wie, wo und mit wem tust.

Hier fühlte ich mich frei. Hier hatte ich nicht die Angst, jemandem gerecht werden zu müssen. Hier hatte ich keine Angst, ich selbst zu sein. Deshalb ging ich gerne feiern. Für einen Abend schalte ich meinen Kopf aus. Von dem krass vibrierenden Sound und der unvergleichlichen Location ganz abgesehen. Je später der Tag, umso besser ging es mir. Mir wurde warm, ich nahm alles intensiv wahr. Um mich herum war alles in Bewegung, ausgelassen, losgelöst. Ich tanzte und spürte mich. Meine Energie schien unerschöpflich, die Stunden vergingen. Es war spät geworden. Langsam wurde ich ganz schön müde. Ich nahm meine Tasche und meine Jacke, verabschiedete mich und ging raus an die frische Luft. Ich nahm die kühle Brise intensiv wahr.

Jetzt noch ein Sex-Date? Wieso nicht! Ich öffnete eine App und schrieb einem Typ in der Nähe. Zwei Kilometer entfernt, das geht. Schnell schickte er mir seine Adresse und ich stieg ins Taxi. Ich musste aber auf jeden Fall duschen, schließlich war ich gerade fast den ganzen Tag im Bunker. Wir begrüßten uns, er sah gut aus in seiner Schlafhose.

«Hier ist das Bad», sagte er.

Ich zog mich aus und stieg in die Dusche. Das heiße Wasser prallte an meinem Körper ab und fühlte sich einfach nur gut an. So intensiv. Ich stand 20 Minuten unter der Dusche, vergaß die Zeit. Dann stieg ich aus der Dusche, wickelte mir ein Handtuch um und ging in sein Schlafzimmer. Mein Handtuch rutschte schnell runter. Kondom und Gleitgel lagen schon bereit. Wir redeten kaum. Wie das so läuft bei einem Sex-Date. Es war so intensiv, ich fühlte mich so richtig gut und wohl. Den anderen Körper anzufassen, machte mich ziemlich geil. Wir vögelten durch die ganze Wohnung.

Mittlerweile ist es neun Uhr morgens. Ich nahm mir danach ein Taxi zu Tom und legte mich ins Bett.

Um 18 Uhr wurde ich das erste Mal wach. Tom wartete in der Küche mit Rührei und Brötchen auf mich.

«Ich hab' dir was leckeres gekocht, lass es dir schmecken. Ich geh' jetzt schon zur Party, bisschen vorbereiten helfen. Komm einfach nach, wenn du fertig bist.»

In diesem Moment war ich einfach nur dankbar und setzte mich an den Küchentisch. Hier in Wien vergaß ich gerade die ganzen Themen bei der Arbeit, die Unzufriedenheit. Hier spürte ich Freiheit. Freiheit, mein Ding zu machen. Ohne verurteilt zu werden. Ohne was tun oder sein zu müssen.

Ich aß gemütlich, duschte und machte mich auf den Weg zur Party. Ich war super müde. Auf der Party war es ganz entspannt. Ich trank mich fit und lernte neue Leute kennen. Mir ging es gut. Ich bemerkte nur, dass ich nach einem ganzen Tag feiern vermutlich nicht ganz so ruhig geschlafen hatte. Egal, es ging weiter. Je später der Abend, umso mehr Zeug wurde konsumiert. Unterschwellig bemerkte ich, dass ich abwesend war. Ich redete weniger, stand mehr oder weniger nur da.

An Neujahr lagen wir uns alle in den Armen und wünschten uns ein frohes neues Jahr. Dann wurde weiter konsumiert und gefeiert, bis sieben Uhr. Das reichte aber nicht. Wir gingen in einen Club. Ich ging mit, war aber ziemlich ruhig. Das liegt sicher an der

Müdigkeit, dachte ich. Die anderen ignorierten mich schon fast. Mich fragte auch niemand, was ich machen wollte. Egal. An Silvester in Wien konnte ich nicht nach Hause gehen. Ich werde schon noch wieder fit, sagte ich mir.

Nach ein paar Diskussionen fuhren wir zum bärigen Kater. Wir kamen prompt rein und tanzten dort ein bisschen. Aber so wirklich gut war es nicht. Die Erschöpfung machte sich bemerkbar, aber ich ignorierte es. Ich folgte Toms Wünschen. Das ist normalerweise gar nicht meine Art, ich mache lieber mein eigenes Ding und es ist völlig egal, was andere dazu sagen. An diesem Abend nicht. Ich hörte auf zu kommunizieren, fühlte mich wie ein Geist. Irgendwas stimmte nicht.

Es war nur ein Club, nur eine Party, nur Silvester. Ich sollte feiern und gut drauf sein. Aber mir ging es dreckig. Ich fühlte mich unsicher, konnte die Situation gerade nicht einordnen. Aber ich wusste: Ich muss weg.

«Ich geh' nach Hause, hab' keine Lust mehr.»

Ich bin alleine ins Taxi und dann zu Tom. Das war die einzig richtige Entscheidung, denn ich fühlte mich immer unwohler, konnte kaum sprechen. Was ist das? Ich dachte, ich bin nur müde vom Feiern. Aber nein. Meine Seele schickte eine Warnung:

«Hör auf damit. Komm mal klar. Geh nach Hause. Brich den Kontakt zu den Leuten ab. Du musst dich jetzt erholen. Du bist fertig. Du bist am Ende.»

All diese Gedanken schossen plötzlich in meinen Kopf. Genauso wie bei der Arbeit steckte ich in einer Schockstarre. Ich entfernte mich geistig von meinem eigenen Körper und beobachtete, wie alles um mich herum feierte und mich ignorierte. Ich wehrte mich nicht. Ich meldete mich nicht. Was ist das nur? Wo bin ich hin? Warum kann ich nichts tun?

Ich schaute mir an, wie mein Leben sich auflöste. Ich bemerkte es, konnte es aber nicht verhindern. Sofort dachte ich an eine Abhängigkeit. Habe ich jetzt so viel genommen, dass ich gar nichts mehr im Kopf habe? So viel Konsum, dass mein Serotonin-Haushalt im Arsch ist? Ich hatte Angst, dass mein Leben vorbei war. Mein Kopf war leer und erschöpft. Ich hatte nicht die leiseste Ahnung, was passiert war.

Bei Tom legte ich mich ins Bett und blieb sehr lange wach. Eigentlich müsste ich direkt schlafen, doch mein Verstand blieb nicht ruhig. Ich plante, eine lange Pause einzulegen, Schluss mit dem Zeug. Ich muss mich erholen. Blabla. Ich war hilflos und kopflos. Irgendwann schlief ich ein.

Gegen Nachmittag wachte ich auf, alleine. Ich packte meine Sachen und machte mich bereit für die Rückfahrt. Dann kam Tom.

«Sorry, lass uns das ein anderes Mal besprechen, heute geht's echt nicht», meinte er.

«Okay, ich bin auch ziemlich fertig.»

Wir verabschiedeten uns und sollten uns ab diesem Moment auch nicht wieder sehen noch über diese Situation jemals sprechen. Ich war erschöpft. Ich dachte, das liegt am Feiern. Ich war lange wach, kippte viel Zeug in mich hinein. Ich brauchte eine Pause. Aber es war so viel mehr.

Wow. Du warst mehrere Tage feiern, warst eigentlich gar nicht anwesend, hast es nicht genossen und jetzt? Jetzt hast du deine restliche Lebensenergie verpulvert. Hat sich das gelohnt? Was jetzt? Du willst dich betäuben, willst dich ablenken, schon klar. Aber so läuft das nicht. Irgendwann geht das nicht mehr.

Was meine Depression sagen will...

Happy New Year!

In München war Erholung angesagt. Ich lag nur im Bett und tat nichts. Ich fühlte mich krank. Ich musste zum Glück erst am 7. Januar arbeiten, passt also. Ich traf niemanden, blieb den ganzen Tag in meinem Zimmer. Ich begriff immer noch nicht ganz, was da gerade passierte. Ich redete mir ein, dass ich nur an Schlafmangel leide. Auf Nachrichten reagierte ich kaum, irgendwie keine Lust auf Menschen. In der WG schlich ich um die Mitbewohner herum. Die Konversationen beschränkten sich auf wenige Worte.

«Was ist los, Mattia? Alles gut?»

«Ach, bin nur krank. Von Silvester.»

Je näher der Montag rückte, umso weniger Lust verspürte ich, aufzustehen. Aber mir ging es besser. Ich war nicht ganz fit, aber ich wollte arbeiten. Vielleicht bekomme ich ja die Beförderung, weil mein Chef jetzt weg ist. Also fuhr ich hoffnungsvoll zur Arbeit.

Bis zur Mittagspause war ich nur anwesend. Dann traf ich einen der Geschäftsführer zum Mittagessen und unterhielt mich mit ihm über die offene Stelle. Ich erzählte so ein bisschen, wie es bisher lief. Dann ging es ans Eingemachte. Ich sagte ihm, dass ich bereit bin, die Stelle zu übernehmen und wir ansonsten keine weiteren Mitarbeiter im Team brauchen. Er teilte mir mit, dass Timm seine Sache ja so gut macht, aber er würde mich auch in Betracht ziehen.

In Betracht ziehen? Timm ist eine Art kreativer Freigeist. Jung und dynamisch, macht seine Sache super, aber ist halt unser Moderator. Keine Führungskraft. Er hat eine Sache, die ich gar nicht beherrsche, ziemlich gut drauf. Er konnte sein Umfeld um den Finger wickeln.

Ich war schockiert. Ich dachte gar nicht an Timm. Er wird wahrscheinlich die Stelle bekommen und dann bin ich ihm unterteilt. Das war die Horrorvorstellung für mich. Geht gar nicht. Was habe ich da noch verloren? Was geht ab? Jetzt war mir klar: Ich suche mir einen anderen Job. Ich ging nach Hause und weinte los.

Was macht mich so fertig? Warum weine ich? Wieso höre ich nicht auf? Ich bin in diesem Moment so unfassbar enttäuscht. Und so traurig, so erschöpft im Kopf. Ich rufe Carla an. Sie ist meine beste Freundin aus Stuttgart. Mit ihr konnte ich immer ganz offen reden. Am Telefon kamen mir auch schnell die Tränen.

«Du, irgendwie klingt das so, als bräuchtest du Hilfe. Vielleicht redest du mal mit deiner Hausärztin? Ruh dich mal noch aus, geh nicht arbeiten.»

Wie ist das gemeint? Welche Hilfe brauche ich? Ich war unsicher und rief Leonardo an. Ich redete mit ihm über die Arbeit und die Enttäuschung. Auch bei ihm musste ich heulen ohne Ende.

«Mattia, du solltest dich etwas ausruhen und vielleicht mit jemandem sprechen, der dir in dieser Situation helfen kann. Geh erst mal nicht arbeiten.»

Jetzt war mir klar, was beide meinen. Ich soll zu einem Psychologen. Aber sind sie sich da sicher? Ich hatte keine Ahnung. Ich wusste nur, dass ich nicht mehr kann. Aber das ist nur der Job. Ich schaffe das schon.

Am nächsten Tag ging es mir richtig schlecht. Mein Magen. Ich meldete mich krank und rief meine Hausärztin an. Zum Glück wurde kurzfristig was frei. Ich lief sofort hin und setzte mich ins Wartezimmer. Kurze Zeit später rief mich die Arzthelferin auf und ich sitze im Behandlungszimmer. Die Hausärztin fragt mich, was los sei.

«Ich glaube, ich habe mir eine Magen-Darm-Grippe eingefangen.» Ich belog sie erst mal. Also, ich hatte wirklich eine Magen-Darm-Grippe, nur wollte ich auch nicht mehr arbeiten.

«Was ist wirklich los?»

Sie schaut mich verständnisvoll an.

Dann passierte es. Ich brach zusammen und weinte.

«Ich bin so enttäuscht von dem Job. Es ist die Enttäuschung, die Ausgrenzung. Ich fühle mich leer, richtig leer und müde vom Leben.»

Meine Hausärztin erklärte mir, dass ich psychische Hilfe brauche. Dass es nach einer psychischen Krankheit aussieht. Sie gab mir eine Überweisung zur Psychotherapie und schrieb mich zwei Wochen krank. Ich war froh, nicht zur Arbeit gehen zu müssen. Das war meine größte Sorge bisher.

Ich verkroch mich in meinem Zimmer und ging den Mitbewohnerinnen und Mitbewohner aus dem Weg. Nach einigen Tagen telefonierte wieder mit Leonardo. Er riet mir, nicht mehr hinzugehen. Damit hatte er wohl recht. Ich weinte am Telefon. Total unkontrolliert. Ich erzählte ihm aber nicht, dass mir die Hausärztin den Rat gab und ich darüber nachdachte.

Mein Körper schickte die nächsten Warnsignale, setzte mir ein dickes, fettes Stopp-Schild vor den Kopf. Ich hatte es nicht mehr unter Kontrolle.

Nach einigen Tagen erholte ich mich von der Magen-Darm-Grippe und fühle mich besser. Es geht doch, redete ich mir ein. Bei der Arbeit versuchte ich es wieder. Ich war jetzt zwei Wochen zu Hause, konnte mich ausruhen und überlegen, wie ich die Situation angehe.

Ich stand also Montagmorgen auf und fuhr zur Arbeit. Ich setzte mich hin, packte mein Frühstück aus. Aber ich merke schon nach ein paar Minuten, wie die

Tränen durch die Augen schossen. Ich stand auf, zog meine Jacke an und flüchtete.

«Ich fühle mich leider doch noch nicht fit. Tut mir leid, Jungs. Ich melde mich morgen.»

Ich suchte das Weite. Ich rauschte an allen Kolleginnen und Kollegen vorbei, schaute keinem in die Augen. Wie ein Fremdkörper. Auf dem Heimweg rollten die Tränen nur so über meine Wangen. Ich legte mich direkt ins Bett. Mir ging es so dreckig, so elendig. Ich heulte wieder ohne Ende, bis ich unter Tränen irgendwann nachts einschlief. Am nächsten Morgen rief ich direkt bei meiner Hausärztin an, damit sie mich wieder krankschreibt.

Ich fasste keine klaren Gedanken. Ich verabschiedete mich von mir selbst. Im Wartezimmer konnte ich die Tränen nicht unterdrücken. Zum Glück wurde ich nach nur wenigen Minuten aufgerufen. Ich sitze da, mit gesenktem Kopf. Das war kein Silvester-Kater mehr. Das ist etwas, was ich nicht definieren konnte, etwas Ungewisses, Angsteinflößendes. Da kam etwas an die Oberfläche, ein Monster, das lange Zeit ruhig war. Ich war machtlos. Dann fielen endlich die Worte aus mir heraus, die mich zumindest von der Arbeit erlösten.

«Ich will die Reißleine ziehen. Ich will da nie wieder hin. Mir geht es so schlecht, ich bin so müde, so traurig. Ich habe Angst, wenn ich an die Arbeit denke.»

So, ich mache mich nun auf den Weg.
Du hast dir das selbst so ausgesucht
und willst ja ständig immer nur verdrängen,
vergessen und dich betäuben. Das bringt
jetzt alles nichts mehr. Du wirst mich
nun kennenlernen.

Was meine Depression sagen will...

Die Wahrheit auf dem Zettel

Ich klappte zusammen. Die Hausärztin reagierte verständnisvoll und gab mir einen Überweisungsschein für einen Psychologen mit.

DIAGNOSE: DEPRESSION.

Depression? Ich habe eine Depression? Eine psychische Krankheit? Ich realisierte endgültig, dass es nicht weiterging. Es geht hier und so nicht weiter. Ich brauche Hilfe. Das schaffe ich nicht mehr alleine. Ich habe unfassbare Angst, genau das dachte ich.

Die Ärztin diktierte mir eine Telefonnummer, eine Art zentrale Anlaufstelle aller Therapeutinnen und Therapeuten in der Umgebung. Hier erhielt ich Kontaktdaten aller eingetragenen Psychologinnen und Psychologen in meiner Nähe. Ich musste mich jetzt um eine Therapie kümmern. Jetzt zögerte ich nicht mehr. Mir war nicht bewusst, was ich anrichtete. Ich setzte mich ans Telefon, rief die erste Nummer an und bekam einen Termin. Ich machte zur Sicherheit noch einen Termin bei einem zweiten Psychologen aus.

Nach diesem ersten Schritt überlegte ich mir, wie ich das jetzt bewerkstellige. Mit all den Schmerzen. Mit all der Trauer. Mit der Ohnmacht, dem Gefühl, eine Last zu sein. Dem Gefühl, unnötig auf dieser Welt zu sein.

Ich stellte den Kontakt zu meinen Freundinnen und Freunden ein. Ich erklärte kurz und knapp, dass es mir nicht gut geht und ich jetzt für mich alleine sein muss. Sie zeigten Verständnis. Ich kapselte mich komplett ab, auch von der WG.

Ich verlor jede Energie, jede Lebenslust. Menschen überforderten mich. Ich konnte nicht mal in einem Raum mit einer anderen Person sein. Es tat so weh im Kopf. Ich spürte die ganze Wucht dieser Krankheit. Ich war noch nie so überfordert. Ich war noch nie so fertig.

Ich bin in der Depression angekommen. Das wird jetzt die härteste Zeit meines Lebens, sagte ich mir ständig.

Ich begann, mich näher über die Depression zu informieren. Ein bisschen was wusste ich. Ich las immer wieder was darüber, in Büchern oder Podcasts. Aber nie im Detail. Aber nun steckte ich mittendrin. Mir wurde bewusst, dass das jetzt eine ganz dunkle Phase wird. Mir wurde auch bewusst, dass ich diese Phase überstehen werde. Ich musste ganz stark sein. Und noch stärker. So glaubte ich. Eine Woche lang lag ich eigentlich nur im Bett. Ich redete mit niemandem. Alles war traurig, hoffnungslos. Ich hatte keine Kraft, keine Energie, meine Lebenslust verschwand. Es war so schmerzhaft, so unerträglich.

Vielleicht helfen ja Freunde. Ich setzte mich in den nächsten Zug und fuhr zu Ludo nach Augsburg. Ludo ist einer meiner besten Freunde. Das war mein Instinkt. Wenn es einem schlecht geht, sind Freunde da und helfen. Davor sprach ich aber nochmal mit meiner Hausärztin. Sie machte sich große Sorgen, dass ich mir etwas antue und empfahl mir Anti-Depressiva. Ich wusste nicht so wirklich, was sie meinte, aber ich vertraute ihr. Sie gab mir das Rezept und ich löste es in der Apotheke gegenüber ein. Ich sollte also sehr starke Tropfen nehmen, ein Mittel, das schon einige Jahre bei psychischen Erkrankungen eingesetzt wird. Ich sollte es nehmen, damit ich mich nicht umbringe. Selbstmord? Es war eine Option. Dann ist alles vorbei. Dieser wahnsinnige Tornado, der da gerade wütete, den überlebe ich vielleicht nicht. Schon nach dem ersten Tag bemerkte ich, dass Wörter aus mir herauskamen. Meine Augen öffneten sich. Ich war kurzzeitig in der Lage, zu sprechen.

Ludo sammelte mich am Bahnhof in Augsburg ein. Er schaute mich an und wirkte verwundert, da ich durch die Tropfen halbwegs normal aussah. Ich erzählte ihm sofort, dass hier gerade meine Tropfen sprechen und es mir nicht gut geht. Er stellte keine weiteren Fragen.

Wir verbrachten den Abend zusammen mit seiner Freundin. Es ging mir gut. Aber das war eine Lüge. Das war ein künstlicher Zustand. Das verursachten die Tropfen, die anscheinend wirkten. Ich fühlte mich trotzdem unwohl und falsch. Das bin nicht ich, der da redet, sagte ich mir.

Dann legte ich mich auf die Couch, um zu schlafen. Ludo kam nochmal ins Zimmer.

«Gute Nacht, schlaf gut.»

Es passierte wieder. Ich weinte los. Es tat so weh.

«Keine Sorge, wir bekommen das hin. Das schaffen wir!»

Ludo sah entschlossen aus. Als hätte er genau verstanden, was die Stunde geschlagen hat. Ich hatte eine Depression und ich brauchte Hilfe.

Am nächsten Tag kam Leonardo aus Stuttgart, meiner Heimatstadt. Auch er machte sich große Sorgen. Er umarmte mich bei der Begrüßung und ich wirkte normal. Wir redeten über die Depression und ich merke, dass die Tropfen immer stärker wirkten.

Leo konnte seine Sorgen nicht verstecken und stellte Fragen. Er merkte, dass ich antworten konnte. Die Fragen werden direkter und aufdringlicher. Nach kurzer Zeit bemerkte ich, dass es ein Kreuzverhör wird. Er versuchte, meinen Problemen auf den Grund zu gehen. Er versuchte, zu helfen.

«Woran liegt es? Ist es, weil du schwul bist?»

Leo war total überfordert und wusste gar nicht mehr, welche Worte er wählen soll. Dabei ist das seine

Stärke. An dem Tag nicht. An dem Tag fand er nur die falschen Worte. Ich sagte kaum etwas dazu, rechtfertigte mich sogar. Leo hatte mit Homosexualität noch nichts zu tun gehabt, das fiel mir in diesem Moment auf. Er glaubte, ich habe ein Problem mit meiner Sexualität. Und das fragt er mich auch noch. Hat er damit selbst ein Problem? Er glaubte, meine Sexualität hat was mit meiner Depression zu tun. Dieser Moment blieb wohl auch ihm in Erinnerung, denn von da an schien er sein Verhalten hinterfragt und sich weiterentwickelt zu haben.

Das war es nicht. Ich lebe offen als schwuler Mann und wurde dafür noch nie diskriminiert oder gar schlecht behandelt, im Gegenteil. Aber Leo verstand das nicht. Er fuhr noch am selben Tag. Er merkte, dass es mir gut geht, verhältnismäßig. Aber das waren nur die Tropfen. Das war nicht ich. Ich war ein anderer Mensch.

Ich möchte das Zeug nicht verteufeln. Aber ich kann doch nicht irgendwas nehmen, damit die Symptome nur verschwinden und ich künstlich gut gelaunt bin. Was ist danach? Soll ich mein Leben lang Tropfen nehmen? Ich wollte wissen, woher die Depression kommt. Ich wollte wissen, was mir die Depression zu sagen hat. Und ich wollte verdammt noch mal, dass sie nie wieder zurückkommt. Wie sollen mir da Tropfen helfen? Die vertuschen die Probleme. Die löschen alles Negative. Alle negativen Gefühle, die um Beachtung kämpfen. Das bringt mir nichts. Ich will mein Leben wieder. Ich will es genießen können, erleben, fühlen. Und zwar echt und wahrhaftig. Ohne Zeug.

Der Sonntag verlief relativ normal. Bei Ludo gelang es mir, zu reden. Ein bisschen. Wir frühstückten und spazierten durch das Viertel. Ich wirkte ansprechbar. Abends vor dem Schlafengehen überkam es mich erneut. Meine Emotionen platzten unkontrolliert raus. Ich versuchte nicht, mich zu wehren. Sinnlos. Lass es einfach laufen, sagte ich.

Am Montag gingen Ludo und seine Freundin arbeiten, ich war alleine in der Wohnung, keiner da. Irgendwie fühlte ich mich nicht gut. Ich fühlte mich eingeengt und unwohl. Ich hatte das Gefühl, die Wände fallen gleich auf mich und ich ersticke. Ich wollte nicht mehr in der Wohnung sein. Ich hatte Angst und weinte.

Was tun? Ich konnte Ludo schlecht anrufen, er arbeitete. Aber ich musste irgendwas tun. Nach dem Frühstück rief ich meinen Papa an. Zum ersten Mal seit der Diagnose telefonierte ich mit ihm. Die Tränen schossen hoch, ununterbrochen. Mein Papa bot an, sich um mich zu kümmern. Meine Schmerzen verschlimmerten sich. Ich sagte zu. Ich breche noch am Telefon zusammen. Zuerst nehme ich mir vor, den Zug zu nehmen, aber ich bin nicht mehr in der Lage, etwas zu tun. Ich will mich nicht alleine in den Zug setzen. Ich bin am Ende. Ich brauche auch hier Hilfe. Ich rufe Ludo auf der Arbeit an und weine los.

«Ich komme gleich und fahre dich nach Stuttgart. Kein Problem. In 30 Minuten bin ich da.»

Ich bin froh, dass er mich fährt. Ich sehe es ein, dass ich in diesem Moment mehr Hilfe brauche, als ich mir eingestehe. Ich sehe ein, dass ich krank bin. Richtig krank. Es wird immer dunkler.

Ludo holte mich ab und wir fuhren nach Stuttgart. Von Augsburg ist das nochmal ein ganzes Stück. In Stuttgart wartete die Familie auf mich. Beim ersten Blick in die besorgten Gesichter fühlte ich mich richtig mies. Wir aßen zusammen, aber ich saß nur da. Es ging mir noch schlechter. Ich war überfordert, denn von meiner Familie erwartete ich direkt, dass die Schmerzen weniger werden. Aber das Gegenteil ist der Fall. Das bringt alles nichts. Eigentlich will ich nur alleine sein und weinen, dachte ich mir.

Meine Mutter verstand überhaupt nichts. Sie dachte, ich bin nur schlecht drauf und machte auch noch Witze. Bei dem Wetter wird man schnell depressiv, hätte sie wohl sagen können. Ich verstand das nicht. Ich wollte nur raus. Nur weg. Sie war überfordert und verhielt sich genauso wie mein Cousin Leonardo. Mega unpassend, ich konnte es gar nicht glauben. Wie ein Albtraum. Kann mich bitte jemand wecken? Meine Familie muss doch eigentlich helfen und verstehen. Ich war aufgeschmissen. Millionen Gedanken schießen in den Kopf, die innere Unruhe wird größer und größer. Unerträglich. Ich werde überhaupt nicht ernst genommen, ich werde gar nicht gesehen. Niemand bemerkt, dass es ernst ist. Niemand bemerkt, dass ich krank bin. Wow. Ich muss raus!

Meine Familie war ratlos. Sie wussten nicht, wie sie mir helfen können und machten alles falsch. Sie waren zu besorgt und verkrampft. Und ich versuchte auch noch Verständnis dafür zu zeigen. Verdammt, ich muss mich jetzt um mich kümmern! Ich bemerkte jede Kleinigkeit an Gefühlen und Gedanken. Ich bin hochsensibel und meine Psyche war komplett freigelegt. Meine Sensoren sind überempfindlich eingestellt. Das macht es für mein Umfeld unmöglich, zu helfen. Sie machen alles falsch und ich leide nur noch mehr. Ich war hilflos.

Am nächsten Tag hatte meine Mutter eine Idee. Sie vereinbarte einen Termin bei einem befreundeten Psychiater. Vielleicht kann er helfen. Ich hatte keine Ahnung, wie es weitergeht. Ich hatte auch keine Ahnung, wie ich das schaffen sollte. Es wurde immer dunkler und trauriger. Hoffnungslos. Keine Ahnung, ob ich diese Phase überlebe. Und meine Mutter suchte nach einer Möglichkeit, zu helfen. Um mir zu helfen. Ich stimmte zu und erzählte ihm, was meine Probleme sind. Meine erste Sitzung bei einem Psychologen oder Psychiater. Ich setzte mich, er setzte sich mit Block und Stift gegenüber. Ich erzähle ihm, was los ist.

«Ich fühle mich wertlos, wurde vom Job enttäuscht, ausgegrenzt. Ich bin erschöpft und will einfach nur alleine sein und weinen.»

Er meinte, in einer Stunde kann er dazu wenig sagen, dazu müsste ich öfter kommen. Eine Frage machte mir aber zu schaffen:

«Liegt es am Konsum? Geht es mir jetzt deshalb so schlecht?»

«Sie sind intelligent, da bin ich mir sicher. Sie wissen wahrscheinlich genau, dass es dumm ist, zu konsumieren, damit sollten sie aufhören. Aber daran liegt es nicht und ich glaube, dass Ihnen das schon klar ist. Die Frage ist, wieso sie sich wertlos fühlen. Da ist etwas mit ihnen passiert, vermutlich schon vor vielen Jahren. Aber sie sind eigentlich nicht so. Was ist passiert? Sie sollten eine längere Therapie beginnen.»

Auch er bot mir Tabletten an, damit ich mich beruhigen und schlafen kann. Ich lehnte ab. Ich will und kann das ohne Tabletten. Ich bin stur.

Die Tropfen hatte ich auch schon eigensinnig abgesetzt. Das soll man zwar nicht machen, aber ich habe es getan. Es ist nicht bewiesen, dass Antidepressiva zu 100 Prozent helfen. Eine Gesprächstherapie ist mindestens genauso wirkungsvoll. Von den Nebenwirkungen der Tabletten ganz zu schweigen.

Die Stunde ist vorbei. Es war ein Schritt. Es war gut, dass ich bei einem Psychiater war, auch wenn ich mich sehr unwohl fühlte. Ich brauchte ja Hilfe, professionelle Hilfe.

Meine Mutter wartete im Auto auf mich. Irgendwie hatte ich das Gefühl, dass sie etwas von der Stunde mitbekommen hat. In aussichtslosen Situationen zieht sie alle Register. Und da ist ihr alles andere egal. Da überschreitet sie auch Grenzen und weiß nicht, dass sie es damit nur schlimmer macht. Wie damals, als ich mit 17 hoffnungslos in einen Kerl verliebt war und es keinem sagen wollte. Eines Nachts war ich total besoffen und musste abgeholt werden. Meine Mama klaute heimlich mein Handy und durchsuchte es. Das war damals ein großer Vertrauensbruch für mich.

Wir aßen bei ihr zu Abend und ich versuchte, ihr meine Depression zu erklären. Vergeblich. Natürlich klappte es nicht, was sollte ich mir da vormachen? Ich fand ja gerade erst selber heraus, was mit mir los war. Ich dachte selbst in tiefer Trauer und Hoffnungslosigkeit daran, wie ich das meinem Umfeld am besten erklären sollte. Damit sich auch bloß keiner zu viele Sorgen macht. Oder sich mit mir beschäftigt. Wie bescheuert ist das denn? Ich wollte, dass andere mich verstehen, damit sie auch beruhigt schlafen können. Dabei verstand ich selber nur Bahnhof. Wie bescheuert bin ich? Sie fuhr mich wieder zu meinem Papa. Ich fühlte mich nicht verstanden. Am nächsten Tag stieg ich wieder in den Zug nach München. Mein Vater fuhr mich zum Bahnhof. Unter Tränen saß ich im Zug und versuchte mich mit Podcasts und Netflix abzulenken. Ich war einfach nur froh, alleine zu sein. Ohne Familie, ich ertrage das gerade nicht.

Sag mal, was machst du da? Warum erklärst du deiner Familie alles und verschwendest deine letzte Energie, die du noch hast? Du verstehst es doch selbst noch gar nicht! Wieso machst du dir diese Mühe und erklärst das anderen? Du musst dich um dich und nur um dich kümmern. Deine Familie versteht dich nicht, weil deine Familie dich nicht sieht. Du bist unsichtbar.

Was meine Depression sagen will...

Fick dich, Depression

Als ich wieder in München ankam, wartete die nächste Nachricht auf mich. Im Briefkasten fand ich Post von meiner Arbeit, oder besser gesagt, meiner ehemaligen Arbeit. Ich bin mit sofortiger Wirkung freigestellt, mit einer Frist von zwei Wochen. Ich muss nie wieder da hin! Ich nehme das einfach hin, es war total egal. Ich war sogar froh, dass ich nie wieder dorthin musste. Jeder Gedanke an diese Arbeit jagte mir sofort Angst ein, Unbehagen, Unsicherheit, Unwohlsein. Es war einfach nur die Hölle.

Es machte sowieso keinen Sinn, die Stelle war nicht für mich, das wusste ich schon nach wenigen Wochen. Vermutlich war ich auch schon länger krank. Das war also alles sinnlos. Das ist jetzt aber egal. Es geht um meine Gesundheit, die gerade stark gefährdet ist. Meine Gesundheit hing am seidenen Faden.

Ich hoffte, dass es noch nicht zu spät ist, wieder klar im Kopf zu werden. Ich hoffte, dass ich jetzt kein Langzeit-Depressiver werde, der keinen Fuß mehr ins Leben setzt. Das ist meine Sorge. Es ist mein Leben, was da gerade leidet. Die Gedanken an einen Selbstmord wurden dabei immer stärker. Ich verstand, wieso depressive Menschen sich umbringen wollen. Sie sehen den Ausweg einfach nicht. Ihnen ist nicht klar, dass es einen anderen Weg gibt. Der Kopf spielt vor, dass es das Beste ist, sich das Leben zu nehmen. Es ist die beste Möglichkeit, dem Leiden ein Ende zu bereiten. Wow. Was macht das Gehirn da mit einem? Das ist Wahnsinn. Ich hatte Angst, dass es mir auch so geht. Ich tat also alles, um diese Gedanken zu verbannen. Um mein Herz und meine Seele wieder zu wecken. Gar nicht so einfach, wenn das Herz vollgeschüttet ist mit sämtlichem Dreck aus meinem bisherigen Leben. Das ist ein riesiger Berg voll mit Müll. Das musste ich erst mal freischaufeln. Und irgendwo anfangen.

Ich ging eine Runde spazieren, damit ich mich beruhige. Sonst konnte ich nicht einschlafen. Ich lief also die Isar entlang, bis ich an einer Brücke plötzlich stehen blieb und weinte. Die ganze Wucht der Depression überkommt mich genau in diesem Moment. Genau in diesem Moment an dieser Brücke. Ich habe so starke seelische Schmerzen. Es ist so ein bedrückendes, einengendes Gefühl, was mir die Luft zum Atmen nimmt. Mein Verstand will alles nur noch ausschalten. Wieso hört das nicht auf?

Macht es Sinn, zu kämpfen? Ist da Hoffnung? Ich denke daran, mein Leben zu beenden und habe jetzt auch einen Plan dafür. Es fühlt sich so hoffnungslos an, so sinnlos. Meine Kraft ist nicht vorhanden, meine Kraft hat mich verlassen. Soll ich nicht einfach springen? Ich denke darüber nach, mein Leben zu beenden. Dann ist alles vorbei. Ich schaffe das nicht. Es tut so weh, es ist unerträglich. Soll ich springen? Minutenlang bleibe ich stehen und weine. Minutenlang überlege ich, ob mein Leben weitergehen soll. Ich fühle mich so wertlos, erschöpft. Einfach am Ende. In meinem Kopf macht es Sinn, zu springen. Mein Kopf teilt mir mit, dass ich es tun soll. Das ist so einfach. Dann hört es auf. Dann ist da keine Qual mehr. Ich muss mir über nichts mehr Gedanken machen, nicht kämpfen, mich nicht rechtfertigen. Ich bin dann nicht mehr da und alles ist gut.

Aber was ist das? Ist das wirklich mein Kopf? Oder ist das die Depression, die hier gerade versucht, mich zu erledigen? Ich halte mich am Geländer fest und blicke auf das Wasser. Ich denke darüber nach, ob ich direkt sterben würde, ob ich noch leiden müsste, wenn ich springe. Die Isar ist ziemlich flach, ich würde mir wahrscheinlich sämtliche Knochen brechen. Ich höre nicht auf, zu weinen. Ich schaue in den Abendhimmel, sehe in meine triste Welt. Mein Leben macht keinen Sinn. Ich will das aber nicht glauben. Ich will nicht glauben, was mein Kopf mir da gerade vermitteln will. Wieso macht es Sinn, zu springen?

Endlich meldet sich mein Herz, mein Bauchgefühl, aus dem tiefen Loch, in dem ich stehe. Ich lasse das Geländer los und stehe einfach nur da.

NEIN!

Ich lasse nicht zu, dass diese Depression meinen Körper übernimmt. Ich lasse nicht zu, dass diese Depression mich kontrolliert. Ich werde die Depression kontrollieren, egal wie. Ich werde kämpfen und diese Phase überstehen. Ich werde die Schmerzen ertragen und ich werde meinen Kopf überlisten, so wie er mich gerade überlistet. Ich werde meine Gedanken ändern, ich werde mich verändern. Das kann nicht mein Leben sein. Was erlaubt sich diese Depression? Mich in den Selbstmord zu drängen? Fick dich, Depression! Ich laufe wieder zurück in die WG. Ich bin froh, dass ich nicht gesprungen bin. Ich bin froh, dass ich einen Moment der Klarheit hatte.

Dieser Moment der Klarheit rettete mein Leben. Dieser Moment der Klarheit hätte nicht viel später kommen dürfen. Sonst wäre ich jetzt weg.

Ich legte mich ins Bett. Dieser Tag war der Wendepunkt. Denn es bedeutete, dass ich Hilfe bekomme. Hilfe, die ich brauchte. Hilfe, die ich von keinem anderen bekommen konnte.

Ich wachte, wie schon seit zwei Wochen, um 7 Uhr morgens auf – ohne Wecker. Mein Körper zwang mich in einen normalen Rhythmus. Ob ich will oder nicht. Ich schlief um 23 Uhr ein, ich wachte um 7 Uhr morgens auf.

Also stand ich auf, trank einen Espresso und ging an die frische Luft. Es war frostig. Um 10 Uhr hatte ich den Termin bei der Psychologin. Die Praxis lag im Distrikt, also nicht weit weg von mir. Es war die erste gemeinsame Stunde. Keine Ahnung, was mich erwartete. Mir war bewusst, dass ich den Zustand kaum aushalten würde. Ich würde sie vielleicht gleich um Hilfe anbetteln. Die Praxis befand sich in einem Hinterhof eines ganz normalen Wohngebäudes. Ich ging die Treppen hoch in den 2. Stock und landete in einer Altbauwohnung mit Dielenboden. Im langen Flur befand sich nur ein Stuhl und ein Teppich, sonst nichts. Ich setze mich hin und warte. Nur wenige Augenblicke später öffnet die Therapeutin die Tür. Sie ist vermutlich um die 50 und nimmt mich gleich in Empfang.

«Hallo. Wieso sind Sie hier?»

«Ich habe eine Depression.»

Ich drückte ihr den Überweisungsschein meiner Hausärztin in die Hand und erzählte von meinen Gefühlen. Mir kommen sofort die Tränen und ich weine los. Das kann ich gar nicht zurückhalten.

«Ich fühle mich wertlos, ausgegrenzt, erschöpft, habe Seelenschmerz.»

Die Therapeutin hörte verständnisvoll zu, stellte zwischendurch immer Fragen und wirkte sehr nett. Die erste Stunde verging wie im Flug, danach bekam ich noch einen Zettel in die Hand gedrückt. Ich solle mich wieder melden, wenn ich wiederkommen möchte. Das war eine Art Probestunde. Mein Bauchgefühl sagte mir, dass sie nett war, aber für mich zu nett. Sie erinnerte mich an meine Mutter, die genauso verständnisvoll und mitfühlend reagieren würde. Mein Gefühl sagte mir, dass ich hier nicht die Hilfe bekomme, die ich brauche. Irgendwas sagte mir, dass ich jemand anderen brauche. Eine eher kühle Person, bei der ich gar nicht die Möglichkeit habe, zu interpretieren.

Als ich aus dem Gebäude raus bin, kam die Enttäuschung. Ich hatte natürlich direkt erwartet, dass die erste Psychologin passt. Aber das war schwieriger als gedacht. Ich muss mich richtig wohlfühlen. Das war hier nicht der Fall. Ich wartete also noch den zweiten Psychologen ab. Den Termin habe ich bereits ausgemacht. Ich werde mich also noch etwas gedulden müssen. Es fühlte sich wie ein Dämpfer an. Ich wusste, dass ich jetzt einer weiteren Person von meinen Gefühlen, Ängsten und Sorgen erzählen muss. Ich werde wieder losweinen. Selbst nach dieser Stunde war ich total erledigt, müde, platt, ohne Energie. Ich warte auf Hilfe.

Zu Hause setzte ich mich an den Laptop und informierte mich, was ich selbst tun kann. Wenn ich nichts tue, ändert sich auch nichts. Ich werde irgendwas machen. Was hilft bei Depressionen? Ich schaue mir mehrere Seiten an. Ein bisschen was wusste ich durch die Podcasts und Bücher, die ich gelesen und angehört habe. Ich landete immer wieder bei den gleichen Themen: Therapie, Meditation, Yoga, Sport, gesundes

Essen, viel Schlaf. Das alles nahm ich nun intensiver in meinen Tagesplan auf. Ein fester Ablauf hilft auch. Ich hinterfrage gar nicht, ob es was bringt und wie ich es am besten mache. Normalerweise optimiere ich all meine Prozesse durch, aber je weniger ich nachdenke, umso einfacher ist es vermutlich. Ich hatte nichts zu verlieren, musste keinem was beweisen.

Ich musste mir selbst zeigen, wie wichtig ich mir bin. Was bleibt mir für eine Wahl? In meinem Bett passiert nichts, gar nichts. Diese Depression soll aber verschwinden. Ich will, dass sie sich verpisst. Das geht aber nicht auf Knopfdruck. Erst mal lerne ich sie kennen und schaue sie mir genau an, auch mit Hilfe der Therapie, die hoffentlich schnell anschlägt. Ich gebe ihr also erst mal jeden Raum, den sie braucht. Ich lasse zu, dass ich ständig weinen muss, egal wo. Ich fange an, jeden Tag zu meditieren, es geht mit drei Minuten los. Mir ist völlig egal, wie ich es mache, ob ich es gut mache, wie man es richtig macht. Ich weiß ja gar nicht, wie man es richtig macht. Es ist egal. Ich setze mich hin, schließe die Augen und bin drei Minuten ruhig.

Mit dem Yoga machte ich das ähnlich. Ich studierte den Kursplan im Gym und suchte mir Kurse aus. Ich ging alleine hin, redete mit niemandem und setzte mich auf die Matte. Hier war ich im gewohnten Umfeld. Ich hatte im letzten Jahr schon mit Yoga angefangen, aber eher unregelmäßig. Die Emotionen machten sich nach jeder Yoga-Praxis bemerkbar. Nach ein paar

Bewegungen weinte ich los. Die Worte der Yogalehrerin berührten mich. Zum Glück sprach niemand mit mir. Ich wischte mir die Tränen weg und machte weiter.

Ich bemerkte nach und nach, was hilft und was nicht. Panik bekommen und grübeln hilft nicht. Hoffnungslos sein auch nicht. Mich in die Opferrolle stecken hilft gar nicht. Einfach nur im Bett liegen und warten, bis der Tag vorbei ist, hilft nicht. Kontakt zu Freunden und Familie hilft absolut nicht, das belastet noch mehr. Das musste ich zum Großteil komplett abbrechen. Ich wusste nicht, was das bedeutet. Brauche ich ein ganz neues Umfeld? Ich wusste es zu diesem Zeitpunkt nicht. Ich wusste nur, dass ich gerade keine Kontakte ertrage. Ja, genau: ertrage. Alles war zu viel. Ich wollte alleine sein. Immer.

Den Kampf annehmen, den Zustand akzeptieren, auf mich achten - das hilft und das ist meine Mission. Das muss ich lernen. Das muss ich einhalten, jeden Tag, jede Stunde, jede Minute. Irgendwie. Immer ein bisschen. Eine Depression ist eine gut heilbare Krankheit. Dafür muss man sie aber annehmen und einen Umgang finden. Das ist wie mit Ängsten. Ängste zu ignorieren oder zu unterdrücken sorgt eher dafür, dass sie größer werden.

Ich muss jetzt mal aufwachen. Das ist mein Leben. Mein einzigartiges Leben. Mein Geschenk. Ich habe nur dieses eine Leben. Ich muss begreifen, was ich alles anstellen kann. Und das ist mit Sicherheit mehr als nur einen Job zu haben, Geld auszugeben, feiern zu gehen und rumzuvögeln.

Das werde ich herausfinden. Ich hinterfrage jeden Tag. Welche Gedanken entstehen und wieso? Wieso ist die Depression da? Was will sie mitteilen? Ich konnte den Termin bei dem zweiten Therapeuten kaum erwarten und hoffte so sehr, dass ich mich dort wohler fühle. Ich hoffte so sehr, dass meine Therapie endlich beginnen kann.

Einerseits war ich völlig am Ende und kraftlos. Andererseits völlig klar. Irgendwo versteckte sich mein Herz, ganz klein und leise war es. Mein Herz sagte mir, dass das jetzt die Hölle wird. Mein Herz sagte mir, dass ich jetzt verdammt stark sein muss. Mein Herz sagte mir auch, dass ich es überstehe. Und danach wird es mir besser gehen als je zuvor. Danach wird es mir gut gehen. Ich vertraue meinem Herzen. Schon immer. Aber ohne eine Therapie wird meine Mission schwierig.

Schließlich hatte ich den Termin bei dem zweiten Therapeuten. Ich erwartete, den für mich richtigen Therapeuten zu finden. Nach meinem gewohnten Spaziergang fuhr ich zur Praxis. Auch hier gelangte ich über einen Hinterhof zu einem Wohngebäude. Die Tür öffnete sich, dann sah ich einen kleinen, einfachen Flur. Es waren vier Türen und eine kleine Küchenzeile zu erkennen. Sah aus wie eine WG. Scheint also nicht seine eigene Praxis zu sein, er teilt sich die Wohnung mit anderen Therapeuten. Ich setzte mich also voller Erwartung auf den Stuhl und wartete darauf, hereingerufen zu werden. Zehn Minuten Wartezeit. Das nervte und ich war kurz davor, wieder zu gehen. Ich fühlte mich direkt schon nicht ernst genommen und hatte ein mulmiges Gefühl, wollte eigentlich losweinen. Ich bettle doch schon um Hilfe und jetzt muss ich hier auch noch warten? Dann öffnete er die Tür. Ich stand auf und setzte mich in den Raum.

«Hallo. Wieso sind Sie hier?»

Er ließ mich reden und hörte nur zu.

«Ich habe eine Depression und fühle mich wertlos. Ausgelöst wurde das durch meinen Job, den ich mittlerweile nicht mehr habe. Ich bin machtlos, ratlos, habe Schmerzen und muss ständig weinen.»

Die Stunde verging schnell, viel passierte nicht. Ich hatte zuerst überhaupt keinen guten Eindruck von ihm. Er wirkte so zerstreut. Ich bin enttäuscht raus und weinte wieder. Ich erhoffte mir so viel mehr. Aber es war auch nur eine Stunde. Eine Bestandsaufnahme. Ein Kennenlernen. Aber mein Bauchgefühl sagte mir irgendwie, dass das passt. Dass ich hier Hilfe bekomme. Die Rahmenbedingungen überzeugten mich nicht, sie nervten mich. Pünktlich war er auch nicht, aber ich fühlte mich hier richtig. Ich vereinbarte einen weiteren Termin – in der Hoffnung, dass ich da dann ein paar Tipps bekomme, was ich tun kann.

Ich wollte verstehen, was da gerade meinen Körper und mein Gehirn steuert. Und ich ließ nicht nach, bis ich diese Depression an den Abgrund treibe. Dann muss sie mir auch sagen, warum sie da ist.

Nach der Stunde war ich erledigt. Es war so hart, meine Geschichte zu erzählen. Das tat so unfassbar weh. Und immer wieder aufs Neue, immer wieder diese Schmerzen ausdrücken. Und das so genau wie möglich, damit ich Hilfe bekomme.

Am nächsten Tag fühlte ich mich mies. Wieder schickte mir ein Freund eine Nachricht. Ich ertrug es nicht, wenn mir jemand eine Nachricht schrieb. Das überforderte mich. Ich fühlte mich so unter Zugzwang. In den letzten Wochen reduzierte ich ohnehin sämtliche Kontakte bis auf Fer (Fernando), der aber zu diesem Zeitpunkt noch gar nichts wusste. Er hatte viel zu tun in letzter Zeit.

Viele Freunde und Freundinnen verstanden, dass ich gerade nicht mag. Einige ließen nicht locker. Auf die Idee, vorbeizukommen, kam keiner. Ich ignorierte also alle Nachrichten, entfernte alle Apps von meinem Handy. Eigentlich brauchte ich kein Handy, weil es für mich nur Schmerz bedeutete.

Ich hatte bei jeder Nachricht den Eindruck:

«Was wollen die alle von mir? Ich kann ihnen nichts geben, ich kann nicht antworten, ich habe keine Kraft. Ich bin nicht mehr da, um eure Bedürfnisse zu erfüllen.

Ich bin nicht mehr da, um den Mülleimer zu spielen. Ich bin nicht mehr da, um euch zu helfen. Bitte, bitte lasst mich allein. Ganz allein. Für immer.»

Meine Kontakte wurden radikal reduziert. Das brachte mich auf meine erste Theorie: Hatte ich zu viele soziale Kontakte und das bricht jetzt alles zusammen? Mache ich es zu vielen recht, bin ich für zu viele da und schaue nicht auf mich? Ist das zu viel für mich? Ist die Depression deswegen da? Ich reduziere also die Kontakte, damit ich mich erholen kann. Was anderes fiel mir nicht ein. Ich musste genau hinhören und das tun, was mein Körper mir mitteilte. Das wird schon irgendeinen Grund haben, den ich irgendwann herausfinde.

Bist du immer noch sicher, dass du keine Tabletten nehmen willst? Schaffst du das ohne? Das wird ziemlich hart.

Was meine Depression sagen will...

Supermarkt-Hustle

Ich ging spazieren und meditierte. Kaffee, meditieren, spazieren. So sah mein Ablauf morgens nach dem Aufstehen aus. Keine Ausnahme, keine Widerrede. Das half. Ein bisschen. Beim Frühstück merkte ich, dass ich einkaufen musste. Ich ging in den Supermarkt um die Ecke. Eigentlich eine ganze einfache, alltägliche Aufgabe. Ich gehe fast jeden Tag einkaufen, das ist nie ein Problem. Entscheidungen treffen war selten ein Problem für mich. Heute schon. An diesem Tage fühlte es sich anders an. Es fühlte sich schwierig an.

Ich betrete den Supermarkt und bin überfordert. Was soll ich bloß essen? Zucchini, Paprika, Quinoa oder doch Reis? Oder Kichererbsen? Pasta? Pizza? Fleisch? Brot? Schokolade? Chips? Saft? Versteinert stehe ich vor dem Obstregal und kann keine Entscheidung treffen. Mehrere Minuten vergehen und ich laufe hin und her. Fast eine Stunde laufe ich nun durch den Supermarkt und habe noch nichts eingepackt. Mir kommen die Tränen. Ich weine los, weil ich nicht weiß, was ich tun soll. Ich kann nicht einmal einkaufen gehen. Ich finde nichts zu essen! Hilfe! Ich will hier raus! Eine fremde Frau spricht mich an.

«Geht es Ihnen gut? Kann ich helfen?»

Ich schaue die Frau an, weine einfach weiter und gehe weg. Wie peinlich ist das? Ich war gar nicht in der Lage, ein Gespräch zu führen. Ich war nicht einmal in der Lage, ein Wort zu sprechen. Es bedeutete nur Schmerz für mich. Ich lief nach Hause, ins Bett. Ohne Einkauf.

Ich musste aber bald kochen, noch bevor die Mitbewohner nach Hause kommen und sie mich in der Küche sehen. In der Wohnung konnte ich nur alleine in einem Raum sein. Alleine in einem Raum überleben. Ich kochte vor, irgendwas, und nahm es mit ins Zimmer, damit ich das später essen konnte, ohne die Küche zu betreten. Zum Glück hatte ich noch Reste im Kühlschrank.

Kochen tat mir gut. Gemüse schneiden, mich auf etwas sanft konzentrieren, das tat mir gut. An diesem Tage aber nicht. Da war auch das ein Kampf. Oh man, was passiert hier nur? Ich beeile mich richtig. Wenn einer der Mitbewohner früher kommt, bin ich im Arsch. Ich werfe alles in die Pfanne und verkrieche mich dann direkt wieder im Zimmer und warte, bis der Tag endlich vorüber ist.

Ich wurde um 7 Uhr wach und meditierte. Danach eine Runde spazieren. Es schien ein besserer Tag zu sein. Alle Mitbewohner weg, das war gut. Ich rief die Krankenkasse an, um zu erfahren, ob ich nun Krankengeld erhalte. Die nächsten Probleme meldeten sich. Die Krankenkasse verwies mich auf den Arbeitgeber, der mich scheinbar noch weiter bezahlen musste.

Was ist, wenn ich jetzt kein Geld bekomme? Verarme ich? Muss ich aus der WG ausziehen? Vielleicht sogar zu meiner Familie zurück? Das wäre die Hölle für mich. Ich telefonierte hin und her und bekam keine Hilfe. Ich verzweifelte und weinte los.

Ich musste einen Anwalt suchen. Da kamen Probleme auf mich zu, die ich nicht bewältigen konnte. Wenn der Einkauf schon zu viel ist. Aber es ging jetzt um meine Existenz, darum, dass ich in München bleiben kann. Das scheiß Geld, um das ich mich sorgte. Dafür hatte ich echt keinen Kopf. Aber da musste ich jetzt erst mal durch – in der Hoffnung, danach meine Ruhe zu haben.

Zum Glück schloss ich letztes Jahr eine Rechtsschutzversicherung ab. Ich hatte nachträglich noch den Baustein „Beruf" eingebaut. Man weiß ja nie, dachte ich. Als ob ich schon vorher geahnt hätte, dass ich Probleme haben würde. Als ob ich geahnt hätte, dass ich tatsächlich bald einen Anwalt benötige. Erst mal probierte ich es über so eine Jura-Hotline, die meine Rechtsschutzversicherung anbietet, kostenlos. Der Berater am Telefon war keine Hilfe, im Gegenteil. Was ein Spast! Der ist sich ganz sicher, dass das Arbeitsamt mich bezahlen muss. So ein Müll! Ich suchte einen Anwalt für Arbeitsrecht, bei dem ich auch direkt einen Termin bekam. Schaffe ich das? Die Frage darf ich mir gar nicht stellen. Ich musste persönlich vorbeischauen. Ich war absolut nicht in der Verfassung oder in der Stimmung, so was zu klären und mit einem

Anwalt zu reden. Überhaupt mit einem fremden Menschen zu reden.

Ich druckte die Kündigung und das Schreiben der Krankenkasse aus und ging hin. Ein älterer Herr empfing mich. Ich setzte mich mit ihm in einen Raum und schilderte meine Situation. Er wirkte von Anfang an nicht wirklich sicher und souverän, was mich beunruhigte. Plötzlich packte er Gesetzestexte aus und blätterte wüst durch. Minutenlang. Ich spürte, wie mein Unbehagen immer größer wurde. Als er dann noch den Fall mit mir besprechen wollte, war das viel zu viel für mich. Was will er? Er hat alle Infos und ich hatte keine Ahnung. Deswegen bin ich ja da. Mir schossen die Tränen hoch.

«Wenn Sie mir hier nicht weiterhelfen können, würde ich gerne gehen. Das ist zu anstrengend für mich. Ich habe keine Energie.»

Ich hatte keine Kraft, um mich damit zu befassen.

«Ich weiß leider nicht, wer hier jetzt zahlen muss bis zum Krankengeld.»

Unfassbar, dachte ich und ging raus. Draußen weinte ich weiter. Unglaublich. So ein Vollidiot. Der meinte auch noch, dass der Fall besonders schwer sei. Später suchte ich nach einem zweiten Anwalt. Hoffentlich kann der mir helfen. Was für ein Tag. Ich war froh, mich wieder in mein Bett legen zu können. Ohne mit jemandem zu reden. Scheiß auf alles.

Am nächsten Tag stand ein Termin bei der Hausärztin an. Sie war noch immer sehr besorgt, bot mir noch einmal Anti-Depressiva an. Ich lehnte ab. Sie schrieb mich weiter krank. Sie erzählte mir von stationären Einrichtungen, die ich besuchen kann. Wenn ich mich also umbringen will. Sie glaubte nicht, dass ich alleine klarkomme. Ich muss wohl richtig scheiße ausgesehen haben. Ich registrierte ihre Sorgen.

Später war ich bei Fer, meinem besten Freund. Er wusste noch gar nichts von meiner Depression. Wir haben uns ewig nicht gesehen, weil er so viel gearbeitet hat. Wir begrüßten uns und erzählten, was wir so gemacht haben. Dann bricht es gleich aus mir aus.

«Ich habe eine Depression und brauche Hilfe.»

Er hörte verständnisvoll und ruhig zu. Das tat mir gut. Mehr machte er nicht, aber in dieser Situation war es richtig so.

«Ich fühle mich wertlos, wurde in der Arbeit gemobbt, konnte mich aber nicht wehren. Ich, der normalerweise total selbstsicher und souverän auftritt. Ich bin wie erstarrt. Wie eine Cartoon-Figur, die von einer Dampfwalze überrollt wird. Ich habe eine Therapie angefangen und bin krankgeschrieben.»

Ich konnte mit Fer reden. Er war für mich da. Er hörte zu, ohne mir gleich Ratschläge zu geben. Ich redete und es war okay. Er sagte nicht viel, aber das war genau das, was ich brauchte. Jemand, der mir zuhörte.

Jemand, der die Situation nicht bewertet. Jemand, der mich so sein lässt. Nach knapp einer Stunde gehe ich wieder nach Hause.

«Du, wenn irgendwas ist, ruf mich an. Egal wann. Ich lasse dich in Ruhe und du meldest dich, wann immer dir danach ist.»

Ich lief nach Hause. An der Luft fasste ich klare Gedanken, wenn man das so sagen kann. Es sind immer noch Millionen Gedanken, Millionen negative Gedanken, die auf mich einprasselten.

Es ging mir keineswegs besser, doch ich ließ es zu. Die Depression breitete sich weiter aus. Das war nötig. Und ich brauche Hilfe. So viel Hilfe.

Man sieht eine Depression nicht unbedingt. Bei einem Beinbruch wissen wir alle sofort, was zu tun ist. Wir gehen natürlich zum Arzt oder ins Krankenhaus, denn wir brauchen ja Hilfe. Bei einer Depression ist das ähnlich, aber man sieht es nicht, da sie sich im Kopf befindet. Wieso lassen wir uns nicht helfen?

Ich fühlte mich wie jemand, der sich beide Beine bricht und wieder laufen muss. Das geht nicht sofort. Das geht auch nicht morgen, in einer Woche oder in einem Monat. Trotzdem versuchte ich es und es tut so weh, es schmerzt unheimlich. Aber ich bin mir sicher: Ich lerne wieder, zu gehen. Mit beiden Füßen. Wie ein Baby, das laufen lernt. Das Baby fällt mindestens 300 Mal hin, bevor es gerade steht. Ich muss es ganz neu lernen, wie ein Baby. Das schaffe ich.

Ich gebe dir noch ein Beispiel, um meine Situation zu beschreiben. Während der Meditation wird das Bild vom blauen Himmel beschrieben. Der blaue Himmel stellt dein Bewusstsein dar, deine Welt, deine Wahrheit. Bei mir war der blaue Himmel verdeckt durch ein dunkles Gewitter, mit Donner und Blitzen. Ich wusste nicht, wie lange diese Wolken zu sehen sind. Das kommt ganz auf mich an. Hinter diesen Wolken ist der blaue Himmel aber weiterhin da, immer, jederzeit. Ich muss das Gewitter überstehen, um den blauen Himmel wiederzusehen.

> Ich stelle mich mitten in den Raum weise dich auf all das hin, was du jahrelang verdrängt hast. Ich glaube aber langsam, du verstehst, worum es geht, oder?

Was meine Depression sagen will...

What the fuck?

In der WG stand ein Gespräch an. Bald zogen Maria und Tamara aus, wir sollten neue Mitbewohner suchen. Auch Jan verließ uns bald. Nicky blieb noch übrig. Jan, Nicky und ich saßen also kurz zusammen. Eigentlich hatte ich gar keinen Kopf, um überhaupt zu reden. Aber ich sagte zu. Vielleicht schaffe ich es, ihnen zumindest mitzuteilen, dass ich derzeit nicht ansprechbar bin, dachte ich. Es ging nur darum, einen neuen Mitbewohner zu finden. Sonst hätte ich dem Gespräch nie zugestimmt. Beide setzten sich auf die Couch in meinem Zimmer.

«Könnt ihr euch bitte um die Suche des neuen Mitbewohners kümmern? Ich schaffe das leider nicht, mir geht es gerade nicht gut.»

«Klar, kein Problem. Wenn wir irgendwas für dich tun können, gib uns Bescheid», sagte Jan.

«Danke.»

Nicky hat einen anderen Plan.

«Ich habe mir da was überlegt. Wir müssen ja bald zwei neue Mitbewohner suchen und nochmal neu integrieren, darauf habe ich keine Lust mehr und irgendwie neigt sich die WG-Zeit dem Ende. Ich würde deswegen gerne mit meinem Freund zusammenziehen. Ich wollte das aber mit euch besprechen und euch früh genug Bescheid geben.»

Es war Februar, sie wollte im September mit ihrem Freund zusammenziehen. Wow. Ich dachte:

«Wie kann man so empathielos sein? Siehst du nicht, wie es mir gerade geht? Siehst du nicht, dass ich total verheult bin und kaum reden kann? Musst du mir dann sagen, dass ich mir eine neue Wohnung suchen soll? In München? Muss das jetzt sein?»

Innerlich brach ein Vulkan aus. Ich war außer mir, total entsetzt und wütend, wie ein Mensch so wenig Empathie besitzen kann. Statt ihr aber die Meinung zu geigen, war ich schön freundlich und zurückhaltend:

«Ja, ich wollte dieses Jahr sowieso ausziehen und suche mir dann was. Gib mir Bescheid, wenn du was hörst.»

Bin ich eigentlich komplett bescheuert? Ich könnte sie gegen die Wand klatschen und dann bin ich so verständnisvoll und nett?

«Ja, klar. Und kein Stress wegen ausziehen. Das bekommen wir schon hin.»

Von Jan kommt kaum etwas. Er ist ja bald im Ausland. Aber begeistert schaute auch er nicht wirklich aus.

Beide verließen mein Zimmer und ich weinte los. Für mich bedeutete das: Mit Nicky rede ich kein Wort mehr. Wir harmonierten nie so wirklich, aber das war der Höhepunkt unserer gemeinsamen WG-Zeit. Klar, ein emotionaler Ausbruch hätte es nicht besser gemacht, aber ich habe es in mich hineingefressen und wollte alleine damit klarkommen, damit es niemand sieht. Ich platzte danach, war völlig fertig. Jeder Baustein brach ein. Ich hatte keine Ahnung, von wem ich Geld bekomme, ausziehen musste ich auch. Arbeitslos war ich auch noch. Ach so, die Depression breitete sich gerade aus. Verschwört sich jetzt alles gegen mich? Ich sank immer tiefer.

Am nächsten Tag hatte ich Therapie. Der Psychologe gab mir gleich zu Beginn der Stunde mehrere Zettel in die Hand zum Ausfüllen. Für das Gutachten, damit die Krankenkasse die Kosten der Therapie übernimmt. Ich weinte direkt los. Fragen über meine Eltern, meine Kindheit. Schwere Fragen, schmerzvolle Fragen. Mir blieb eine Woche Zeit, um alles auszufüllen. Dazu noch so ein Persönlichkeitstest. Wieder passierte nicht viel. Schon die dritte Stunde und ich ging jedes Mal enttäuscht raus. Ich brauchte doch Hilfe, eine Idee, irgendwas. Aber das passierte nicht. Ich benötige Geduld, sagte mir meine innere Stimme. Auch mein Therapeut machte keine Anstalten, mir sofort ein Tool an die Hand zu geben. Puh. Geduld. Ich dachte wieder darüber nach, alles einfach zu beenden. Das wäre so einfach.

Ich nahm die Zettel mit nach Hause. Für eine erfolgreiche Therapie war ein kompletter Seelenstriptease notwendig, meine ganzen Ängste und Sorgen müssen an die Oberfläche. Meine Geschichte, die meiner Familie, meiner Freunde. Das war ziemlich hart. Nach kurzer Zeit musste ich aufhören, das belastete mich zu sehr. Ich packte meine Tasche und fuhr ins Gym. Hier schaltete ich ab. Für einige Minuten. Ich stemmte Gewichte, ging auf den Crosstrainer oder ins Schwimmbad. Es war mein Zufluchtsort, an dem ich alles andere für eine Zeit vergaß.

Während der Depression war Sport für mich die beste Therapie. Sport sorgt für Bewegung, für Entlastung, für Glücksgefühle. Sport sorgt dafür, die Gedankenflut zu unterbrechen, die Gedanken kurz abzustellen, an irgendeiner Straßenecke. Die Glücksgefühle und alles andere spürte ich zwar nicht, aber sie wurden langsam wieder aufgebaut. Irgendwann spürte ich einen Hauch von Leben, in kleinen Dosen. Und irgendwann spüre ich wieder Glücksgefühle, intensiv, irgendwann. Ich tue es also einfach. Egal wie verheult ich aussehe. Egal, wie wenig Lust ich habe. Ich musste mir jeden Tag in den Arsch treten, sonst passierte nichts. Sonst dachte ich wieder daran, mir das Leben zu nehmen.

Am nächsten Tag fuhr ich wieder nach Stuttgart, denn meine Mutter hatte Geburtstag. Ich sollte es wieder versuchen. Was soll ich schon allein in München? In Stuttgart war meine Familie. Auch wenn ich aus tiefster Seele gar keine Lust hatte. Ich wollte nicht hin. Aber was denkt dann meine Mutter? Sie ist bestimmt voll enttäuscht. Kann ich nicht bringen. Was wäre ich dann für ein Sohn?

Mein Papa holte mich am Bahnhof ab, danach ging es direkt zu meiner Mama. Leo, seine Frau und die Kinder waren auch da. Leo hat zwei Töchter und einen Sohn. Die Drei sind zuckersüß. Ich denke, ein bisschen Unbekümmertheit kann mir nicht schaden. Ich kam die Tür herein, gratulierte meiner Mama und spielte dann gleich mit den Kinder. Wir spielten irgendein Kartenspiel, die Kinder lachten viel. Ich saugte die Stimmung auf. Es war schön, mich mit den Kindern zu beschäftigen und zu sehen, dass sie auch Spaß haben. Sie munteren mich auf und es ging nicht um meine Krankheit.

Beim Essen merkte ich schon, wie ich von meiner Mama und Leo beobachtet wurde. Was mache ich, wie bewege ich mich. Ihnen stand die Sorge um mich dick und fett ins Gesicht geschrieben. Aber auch bei mir stand etwas dick und fett im Gesicht: Ich fühlte mich mit jeder weiteren Minute ziemlich unwohl. Mega unwohl. Irgendwas drückt auf meinen Kopf. Ich halte die Tränen zurück.

«Schmeckt's dir?», fragte meine Mama.

«Ja.»

Mehr sagte ich nicht. Mehr kam nicht aus meinem Mund. Ich spürte immer mehr Druck. Wir setzten uns auf die Couch. Alle unterhielten sich. Ich fühlte mich richtig fremd und meine Laune sank immer tiefer. Ich wollte weg.

«Es tut mir leid, ich will nach Hause. Kannst du mich fahren?»

«Klar», sagt Leonardo.

Ich verabschiedete mich von allen, bereits im Auto flossen die Tränen. Ich wusste nicht wieso, aber das fühlte sich nicht richtig an. Bei der Familie zu sein, fühlte sich nicht richtig an. Leo setzte mich bei meinem Papa ab. Ich weine direkt los, als ich die Wohnung betrat.

«Sollen wir spazieren gehen?», fragte mein Papa. Wir liefen um den Block, damit ich mich beruhigen konnte. Dann legte ich mich hin und weinte mich in den Schlaf.

Am nächsten Tag ging es mir schlechter. Die Kinder wollten aber mit mir Schlittenfahren gehen. Ich sagte bereits zu. Ich dachte mir wieder, der Vibe der unbekümmerten Kinder kann mir nur guttun. Auch wenn ich das nicht sofort spüre. Es liegt auch total viel Schnee und die Kinder freuten sich voll. Also gut.

«Bauen wir einen Schneemann?», fragte Laura, die Älteste.

Daraufhin meint Marco: «Jaaaaa! Bitte, Onkel Mattia!»

«Okay, dann mal los.»

Der Schneemann wird riesig, bis die oberste Kugel umkippt.

«Jetzt will ich mit dir in den Schneemann fahren», sagte Marco.

Wir liefen den Berg hoch, setzten uns auf den Schlitten und los geht's. Die Kinder lachten so viel und hatten so viel Spaß. Ich lachte verhalten mit, aber so wirklich Freude oder Spaß hatte ich nicht. Ich fühlte eigentlich gar nichts. Innerlich tot. Abends bin ich ganz schön müde. Das war anstrengend. Die Kinder überforderten mich.

Meine Mama probierte die ganze Zeit, mich zu erreichen. Was will sie bloß? Sie merkte nicht, dass sie mich gerade eher belastete. Sie merkte nicht, dass es nur um sie ging. Um ihr Bedürfnis, etwas für den Sohn zu tun. Was ist mit mir? Kann man meine Wünsche nicht respektieren? Ich hatte ihr in mehreren Gesprächen deutlich erklärt, wie die Lage ist. Dass sie mir nicht helfen kann. Und trotzdem versuchte sie es.

Ich hatte den Wunsch, den Kontakt abzubrechen. Zur ganzen Familie. Ich schaffte es aber noch nicht, das klar und deutlich zu sagen. Ist ja auch nicht so einfach. Einem Typen kann man da eher mal den Laufpass geben. Aber der Familie? Wenn sie gar nichts versteht? Schwierig. Es belastete mich.

Verdammte Scheiße, ich hatte eine Depression. Begreife ich denn nicht, dass ich jetzt keine Rücksicht nehmen kann? Dass ich nur auf mich hören muss und alles andere vergessen sollte? Dass ich der wichtigste Mensch in meinem Leben bin und sonst keiner? Das war auch mein Thema. Ich machte mir mehr darüber Gedanken, was andere über mich denken. Ich setzte das Wohlbefinden und die Gefühle anderer in den Vordergrund. Ich bin es ja nicht wert, beachtet zu werden. Wieso auch? Wer bin ich denn? Niemand. Nichts. Dieser Glaubenssatz war bei mir fest verankert.

Es ging endlich wieder zurück nach München. Mein Papa fuhr mich zum Bahnhof. Am Gleis verabschiedeten wir uns und - wie könnte es anders sein - ich weinte. Abschied nehmen fiel mir ziemlich schwer. Selbst in der Bahn weinte ich noch eine Stunde weiter. Der Besuch belastete mich so sehr. Ich lehnte meine Familie ab, wollte es aber noch nicht so ganz glauben. Man muss die Familie doch lieben. Muss man wirklich? Ich dachte zumindest, dass man das muss. Eins ist klar: Mir ging es gerade ohne Familie besser. Ich fühle mich freier. Ich spüre keinen Leistungsdruck. Ich muss niemandem was beweisen. Und ich muss in keine Rolle schlüpfen.

Ich könnte ja auch einfach mein Verhalten ändern. Ich bin ja derjenige, der ein Problem hat. Was können die anderen dafür? Ich muss mich in den Vordergrund stellen. Ja richtig, ich muss! Wenn jemand zu mir sagt, dass ich etwas tun muss, reagiere ich oft abweisend, gereizt. Ich fühle mich sofort unter Zugzwang und lehne es schon aus Prinzip ab. Aber die Situation ist eine andere. Ich muss lernen, auf mich zu achten. Welchen Beitrag kann ich denn sonst leisten, wenn ich nicht ich selbst bin? Wie kann ich der Welt etwas zurückgeben? Das geht nicht, wenn es mir nicht gut geht. Das geht nicht, wenn ich die Wünsche anderer erfülle. Das geht nicht, wenn ich nicht zu mir stehe. Punkt. Vielleicht ist das auch nur temporär. Vielleicht konnte ich die Familie nicht sehen oder fühlte nichts, weil es mir so schlecht ging. Weil mein Verstand ein anderer war. Die Sorgen belasteten mich so sehr. Ich brauchte absolute Ruhe. Mein Kopf brauchte Ruhe.

So langsam lernte ich, die Depression anzunehmen. Ganz langsam. Ich hinterfrage jede Minute meines Lebens und forsche nach den Ursachen, damit mich so was nicht nochmal so eiskalt erwischt. Ich akzeptiere es langsam. Ich akzeptiere den Zustand und handle. Ohne Widerworte. Selbst das musste ich lernen. Das wird noch dauern, aber welche Wahl bleibt mir? Im Bett liegen, bis alles vorbei ist? Dann ist wirklich alles vorbei. Dann ist mein Leben vorbei. Ich hinterfrage, ich überlege. Die Therapie zeigte ganz langsam Wirkung. Ich kann alles erzählen, alles rauslassen und es hilft mir. Es hilft mir, auch wenn das, was ich so erzähle, absoluter Bullshit ist. Aber noch macht das alles Sinn in meinem Kopf. Ich mache Fortschritte, ganz kleine Fortschritte. Ich erkenne ganz klitzekleine Lichtblicke, wenn man das so nennen kann. Kurze

Momente des Lächelns. Kurze Momente des Fühlens. Aber ich muss weiter hart an mir arbeiten und mich jeden Tag im Spiegel anschauen. Sobald ich nicht auf mich achte, werde ich bestraft. Mit Dunkelheit, Trauer, Hoffnungslosigkeit. Dann bleibe ich einfach im Bett liegen. Den ganzen Tag.

Die sozialen Kontakte sind auf ein Minimum reduziert. Jede Nachricht überforderte mich weiterhin. Ich war froh, wenn sich niemand meldete. Ich war froh, wenn mich alle in Ruhe lassen. Ich konnte mich wirklich um mich kümmern und fühlte mich nicht verantwortlich für die Belange der anderen.

«Hey Mattia, wie geht's? Melde dich, wenn ich irgendwas für dich tun kann.»

Schon wieder so eine beschissene Nachricht. Von Marlene. Zum dritten Mal. Ich sagte ihr doch, dass ich einfach nur meine Ruhe will. Schon wieder meldete sie sich. Wieso ignorierte sie meinen Wunsch erneut, wieso respektierte sie das nicht? Sie kümmerte sich nur um ihr schlechtes Gewissen. Sie tat nichts und mir ging es schlecht. Das ist ein unangenehmer Zustand. Verstehe ich. Aber ist das ein Grund, meinen einzigen Wunsch nicht zu akzeptieren?

«Bitte, lass mich einfach nur in Ruhe.»

Ich erklärte nichts. Ich hoffte aber, sie versteht es jetzt. Gleichzeitig wurde ich total sauer und fühlte mich nicht ernst genommen. Von den ganzen Leuten.

Denen ich ständig sagte, dass es mir gerade nicht gut geht. Dass ich gerade meine Ruhe brauche. Dass ich verdammt nochmal krank bin. Ich wurde bei jeder Nachricht immer wütender. Am besten ist es, die Messaging-Apps von meinem Handy zu löschen. Es gab keine andere Lösung. Ich deinstallierte auch diese Apps. Das war der größte Schritt meiner sozialen Isolation. Ein drastischer Schritt. Denn niemand rief an. Ich unterbrach damit jede Kommunikationsmöglichkeit. Endlich Ruhe.

Ich muss auf mich aufpassen und kann keine Rücksicht nehmen. Ich schaffe es nicht anders. Ich weiß, meine Freundinnen und Freunde waren besorgt und meinten es gut. Sie alle hatten beste Absichten. Aber genau jetzt musste ich mich entscheiden. Ich musste entscheiden, was mir gut tut und was nicht. Ich konnte nicht darüber nachdenken, welcher meiner Freundinnen und Freunde jetzt darüber enttäuscht sein wird. Das ist ja genau das Problem. Es ist so verdammt schwierig, aber ich komme an erste Stelle. Ich denke, alle um mich herum wollen nur das Beste für mich. Das Beste ist gerade, nicht über soziale Medien zu kommunizieren. Das Beste ist, gar nicht zu kommunizieren.

So langsam kommst du mir auf die Schliche.
Es ist nicht nur dein Verhalten, das dich zu mir
geführt hat. Dein ganzes Umfeld, deine ganzen
Beziehungen – du erkennst offensichtlich nicht,
wer deine wahren Freunde sind und wer dir genau das
geben kann, was du brauchst. Das ist so viel mehr,
als dir dein Umfeld jemals geben kann.

Was meine Depression sagen will...

Der halbe Lohn

Fuck. Beim Blick auf mein Bankkonto fiel mir auf, dass mein Arbeitgeber mir nur einen Teil meines Gehalts überwiesen hatte. Wie befürchtet. Bis zum letzten Tag der Anstellung. Ich zweifelte, ob das richtig war. Mir wurde im Krankenstand gekündigt, fristgerecht. Aber von wem bekomme ich nun Geld? Um dieses Problem zu lösen, war ich ja schon bei einem Anwalt gewesen. Diesmal hoffte ich auf eine Lösung beim nächsten Anwalt. Ich brachte sämtliche Unterlagen mit. Die Kündigung und das Schreiben der Krankenkasse. Ich setzte mich hin.

«Hören Sie, ich habe eine Depression und kann mich nicht damit befassen. Ich möchte wissen, von wem ich nun mein Geld bekomme. Mein Arbeitgeber bezahlte mich nur bis zum Tag der Anstellung und kündigte mir im Krankenstand. Von der Krankenkasse bekomme ich erst nach sechs Wochen Krankengeld, arbeitslos kann ich mich aufgrund der Krankheit auch nicht melden. Ich fühle mich sehr schwach und bin nicht in der Lage, mich damit auseinanderzusetzen. Deshalb sitze ich hier.»

«Okay. Die Sache ist ziemlich eindeutig und ganz klar. Unterschreiben Sie hier und bevollmächtigen Sie mich, ich kümmere mich um den Rest. Ihr Arbeitgeber wird sie bezahlen, keine Sorge.»

Der Anwalt beruhigte mich. Ich unterzeichnete das Formular und verabschiedete mich gleich.

Danach musste ich wieder zum Arzt. Eigentlich ein Routine-Termin, aber es wurde unbequem.

«Ich habe sie nun seit Januar krankgeschrieben. Als Hausärztin kann ich Sie wegen einer psychischen Krankheit nur eine gewisse Zeit krankschreiben. Danach müssen Sie sich bei einem Psychiater oder einer Psychiaterin vorstellen. Der Psychologe ist kein Arzt, er ist sozusagen nur Ihr Therapeut. Ich empfehle Ihnen da eine Kollegin. Sie ist super. Da bekommen Sie bestimmt auch schnell einen Termin.»

Eine weitere Ärztin, der ich alles erzählen musste. Aber was blieb mir anderes übrig? Ohne Krankschreibung kein Krankengeld. Ich rief noch am gleichen Tag an und bekam einen Termin in zwei Wochen. Später war ich bei der Therapie. Die begann komisch. Ich klingelte an der Tür und wurde reingelassen. Als ich durch den Hinterhof ging, sah ich, dass der Rollladen noch unten war, um 11 Uhr. Wohnt mein Therapeut auch in diesem Zimmer? Eine Couch stand da, aber ansonsten sah das Zimmer nicht besonders wohnlich aus. Als er mich einige Minuten zu spät ins Zimmer rief, bemerkte ich ein paar Kissenabdrücke auf seinem Gesicht. Er wirkte total verschlafen. Ich war irritiert, aber fing gleich an zu erzählen. Er konzentrierte sich sofort. Er wirkte zumindest so. Es war mir wirklich egal, was er davor oder danach macht. Hauptsache, er ist direkt bei mir. Hauptsache, er ist da.

«Ich glaube langsam, ich habe eine Soziophobie. Ich möchte keine Menschen sehen, mir geht's ohne Freunde viel besser. Ich komme alleine so gut zurecht. Ich brauche niemanden. Es ist eher eine Belastung, wenn Menschen in meiner Nähe sind. Ich wäre gerne alleine auf einem Berg und würde die Aussicht genießen. Nur für mich. Vielleicht bin ich deswegen depressiv geworden. Ich habe zu viele Kontakte, die mich belasten. Zu viele Kontakte, die mir nicht guttun. Die mich erdrücken. Und ich will mich befreien. Indem ich alleine sein will.»

So lautet meine neueste Theorie, die ich dem Therapeuten vorstellte.

«Ich denke nicht, dass Sie eine Soziophobie haben.»

Das ist eigentlich die deutlichste Anmerkung von ihm. Ansonsten bewertete und urteilte er nicht über mich. Er hörte zu, stellte Fragen. Er stellte die Fragen, die mich in eine bestimmte Richtung lenkten. Ganz langsam. Ich wurde ungeduldig und biss mir daran die Zähne aus. Aber er hatte eine langfristige Lösung im Blick.

«Ich kann Ihnen ein Pflaster auf die Wunde kleben, aber das reißt irgendwann wieder auf. Die Selbstheilung benötigt mehr Zeit, aber dann brauchen Sie kein Pflaster mehr.»

Ich trainierte meine Geduld bis aufs Äußerste. Schaffte ich auch irgendwie. Ich war zufrieden mit der bisherigen Therapie. Ich hatte das Gefühl, dass er mich verstand, dass sich da eine Beziehung aufbaute. Und den Eindruck hatte ich bei der ersten Psychologin gar nicht. Bei ihm fühlte ich mich wohl. Ich erzählte. Sämtliche Theorien, die vermutlich schon beim Zuhören schmerzen und total unlogisch sind. Aber egal. Er arbeitete das nach und nach mit mir durch und ich kam irgendwann von selbst darauf, dass das Quatsch war. Auch wenn die Therapie sich erst am Anfang befand, hatte ich das Gefühl, dass ich Fortschritte mache. Mini-Fortschritte. Diese eine Stunde in der Woche war mein Lichtblick. Mein Lichtblick in einem sehr dunklen Tunnel. Diesen Tunnel konnte ich nicht sofort verlassen. Ich ebnete meinen Weg. Jetzt brauchte ich Geduld. Viel Geduld. Unendlich viel Geduld.

Noch am gleichen Tag erhielt ich eine E-Mail von meinem Anwalt.

«Ihr Arbeitgeber kennt vermutlich die Rechtslage nicht. Er will Sie nur bis zum Tag der Kündigung bezahlen. Also halbes Gehalt.»

Der erste Hinweis reichte nicht. Ich wurde direkt nervös, die Tränen schossen hoch. Ich malte mir direkt schon aus, wie es sein wird an der Existenzgrenze.

Wahrscheinlich müsste ich wieder zu meinem Vater ziehen, weil ich mir München nicht mehr leisten kann. Wieder in Stuttgart. In der Stadt, in der ich mich nicht entwickelte. In der Stadt, in der ich stehenblieb. In der Stadt, in der ich mich nicht wohlfühle. In meinem Kopf bildete sich das Horror-Szenario.

«Keine Sorge, ich kümmere mich darum. Sie erhalten ihr Geld.»

Beruhigende Worte, denen ich noch nicht glaubte. Erst, wenn das Geld auf meinem Konto ist. Ich legte mich ins Bett. Es ist zwar erst 14 Uhr, aber ich war erschöpft und antriebslos. Richtig antriebslos. Ich lag bis abends im Bett und schaute irgendwas auf Netflix, bis ich plötzlich aufstand. Der Schmerz meldete sich wieder. Ich konnte nicht mehr im Bett bleiben. Ich konnte nicht mehr im Zimmer bleiben. Ich musste unbedingt raus an die Luft. Ganz schnell. Ich zog meine Jacke an und lief los. Draußen wurde es nicht besser. Ich spürte wieder diese Seelenschmerzen. Es war alles zu viel. Ich wähle Fers Nummer.

«Ich bin an der Wittel-Brücke. Kannst du mir entgegenkommen?»

«Ja, klar. Ich komme.»

Ich wartete an der Bushaltestelle und fiel ihm weinend in die Arme. Einfach so. Der Tag war nicht anstrengend, es passierte nicht viel. Aber das reichte schon. Die kleinste Erschütterung machte mich fertig. Wann hört das endlich auf? Ich kann Fer gar nicht richtig erklären, warum ich weine, was los ist. Er lässt mich einfach in Ruhe. Reden, wenn ich reden will. Nicht reden, wenn ich nicht reden will. Ich spürte bei ihm keinen Druck, mich mitteilen zu müssen. Das war beruhigend. Man könnte auch vermuten, dass es ihn vielleicht nicht interessierte. Aber wäre er sonst da? Es ist unnötig, die Frage zu stellen. Ich konnte froh sein, dass es gerade jemanden neben meinem Therapeuten gab, bei dem ich mich nicht unter Druck gesetzt fühlte, bei dem ich nicht den Eindruck hatte, ich muss ihn beruhigen oder eine Last auf mich nehmen. So ging es mir leider zu oft. Ich bildete mir ein, ich muss meinen Mitmenschen die Gedanken und Gefühle abnehmen, alles auf mich abwälzen. Das ist eine tolle Eigenschaft, aber nur solange es meiner Gesundheit nicht schadet. Den Punkt verpasste ich schon lange und ließ zu, dass ich überrollt werde. Mit Fer war das nicht so. Wir redeten noch ein bisschen und dann wollte ich nach Hause.

«Melde dich, wenn du was brauchst.»

Ich legte mich ins Bett.

> Du hast noch einen so weiten Weg vor dir.
> Geh ihn einfach. Geh ihn und hinterfrage nicht.
> Du hast den Kampf aufgenommen. Kämpfe ihn.

Was meine Depression sagen will...

War ich abhängig?

Am nächsten Tag musste ich zur Psychiaterin. Es war mein erster Termin. Ich hatte keine Ahnung, wie das abläuft. Ich wusste nur, dass ich hin muss, damit ich weiter krankgeschrieben werde. Sonst bekam ich kein Krankengeld. Ich war ziemlich nervös, bekam so ein Jucken auf der Haut. Das dauerte fünf Minuten, mir wurde ganz warm und ich schwitzte. Ich stieg auf mein Fahrrad und fuhr hin, die Praxis war ein paar Minuten von mir entfernt.

«Nehmen Sie bitte noch kurz Platz.»

Es war so wie in jeder anderen Arztpraxis auch. Relativ kühl und klinisch, was mich etwas überraschte und nervöser werden ließ. Dann wurde ich ins Zimmer gebeten.

«Wieso sind Sie hier?»

Wieder diese Frage. Diese Frage, die mich weinen ließ. Ich erzählte meine Geschichte. Das erspare ich dir, du weißt das ja mittlerweile. Nur diesmal war es härter für mich. Sie fragte, was ich in der Vergangenheit konsumierte. Ich antwortete ehrlich. Nur so konnte mir geholfen werden. Es fühlte sich nur nicht wie eine Therapiestunde an, denn die Ärztin wirkte kalt und abgeklärt. Sie arbeitete ihren Fragenkatalog ab und stellte Nachfragen, die mich erledigten.

«Das ist eine Abhängigkeit.»

Wie eine Faust im Gesicht. Jetzt bin ich auch noch abhängig? Mein Gesicht war versteinert. Natürlich wusste ich, dass ich meine Grenzen öfter austestete, aber war ich abhängig? Ich dachte, ich bin einfach der Partygänger, der viel Alkohol konsumiert. Ich weiß, wie das klingt. Ich will auch gar nichts schönreden. Vielleicht stimmt es ja auch. Seit der Depression rührte ich nichts mehr an, das Bedürfnis war nicht vorhanden. Das war für mich von Anfang an klar. Ich dachte mir schon, dass auch der Konsum mich zur Depression führte, das war das bestimmende Thema jeder dritten Therapiesitzung. Ich wusste nicht, wie groß der Anteil ist. Da waren sich die Therapeutinnen und Therapeuten, mit denen ich bisher sprach, eigentlich einig.

«Es spielt schon eine Rolle, aber das ist ganz sicher nicht die Ursache. Da sind andere tiefgründige Verhaltensweisen, die gerade an die Oberfläche gelangen. Das platzt gerade alles auf, das müssen wir uns Schritt für Schritt anschauen und verstehen.»

Die Psychiaterin sagte, ich sei abhängig. Musste ich so stehenlassen. Ich hatte aber das Gefühl, dass sie direkt wusste, was bei mir abgeht. Dass ich wie ein offenes Buch vor ihr lag, sie blätterte nur die Seiten um. Das machte sie gut. Aber da war eine Sache, die mir nicht gefiel. Auch sie wollte mir gleich Tabletten verschreiben, damit es mir besser geht. Antidepressiva.

«Ich will das nicht. Mir sind die Nebenwirkungen zu stark und ich will es ohne sie schaffen. Ich merke auch schon, dass ich Fortschritte mache.»

Sie erklärt mir daraufhin, wie die Tabletten genau wirken.

«Sie können es sich überlegen und mir beim nächsten Mal Bescheid geben. Wir sehen uns jetzt einmal im Monat.»

Dann drückte sie mir die Krankmeldung in die Hand. Ich wurde jeweils einen Monat krankgeschrieben. Der Termin dauerte ungefähr 45 Minuten. Das reichte mir. Ich war fertig. Fertig mit den Nerven. Das Gespräch belastete mich extrem. Ich weinte wieder los und verkroch mich für den Rest des Tages im Bett.

Auch am nächsten Tag war ich völlig gerädert. Was ist passiert? Die Psychiaterin zeigte schonungslos und kalt meine Defizite auf. Das war schon in Ordnung, aber es war eben sehr hart für mich. Ich dachte wieder darüber nach und hielt mich für abhängig – auch wenn es für mich kein Problem war, nichts mehr zu konsumieren. Die Art und Weise, wie die Psychiaterin mit mir redete, überraschte mich. Eine neue Erfahrung. Mein Therapeut ist einfühlsamer, ruhiger, ohne Wertung. Der Termin gestern war klinisch. Dass mir gleich Tabletten angeboten wurden, schreckte mich ab.

Brauchte ich wirklich Antidepressiva? So viele Gedanken, die in meinen Kopf schossen. Zum Glück hatte ich am Nachmittag wieder eine Therapiesitzung und konnte meine Gedanken und Ängste teilen.

Ich redete über das Thema Tabletten.

«Glauben Sie, dass Sie das brauchen?»

«Nein», sagte ich klar und deutlich.

«Gut, dann machen wir so weiter.»

So einfach kann es gehen. Er drückte mir nicht seine Meinung auf, er fragte mich und stellte mich nicht infrage.

In knapp zwei Monaten wurde ich zu einem Fan der Therapie, weil sie so hilfreich und heilend war. Es half mir, die Depression zu bekämpfen, zu ersticken. Ganz langsam. Fast quälend. Ein langsamer Tod. Und ich hatte mehrere Komplizen, die mich uneingeschränkt unterstützten. Ich musste sie nur sehen. Und die Termine bei der Psychiaterin hielt ich aus. War ja nur einmal im Monat.

Ich benötigte allerdings mehr Zeit, als ich mir zunächst erlaubte. Ich sollte aufhören, mir Illusionen zu machen. Ich hatte zwar vor, spätestens im April oder Mai wieder zu arbeiten. Ich bin jemand, der gerne und gut plant. Ich kann meistens genau abschätzen, was mich wie hart trifft. Aber die Depression war sehr klug. Die stellte mir immer wieder ein Bein, sobald ich dachte, wieder aufstehen zu können. Es war völlig utopisch, in meiner derzeitigen Verfassung zu arbeiten. Das begriff ich aber selbst erst nach einigen Wochen. Zunächst ist da der Druck, den ich mir selbst machte. Ich musste ja wieder. Sonst bekomme ich nie wieder einen Job. Sonst roste ich ein. Sonst würde ich nichts mehr können. Sonst lande ich auf der Straße. Sonst werde ich ausgelacht und als Langzeit-Arbeitsloser abgestempelt. Mein Ego würde sich melden. Das passt alles gar nicht zu dieser Gesellschaft. Ich gehe unter.

Nein, ich musste gesund werden und sonst gar nichts. Ich hatte das Glück, in einem Land zu leben, in dem mich das soziale Netz in so einer Phase auffängt. So lange, bis ich wieder gesund bin. Dafür war ich dankbar. Ich konnte mich auf meine Gesundheit konzentrieren. Langsam pendelte sich dieser Gedanke ein und ich wurde in gewisser Weise entspannter. Ich ließ den Gedanken los, wieder zu arbeiten. Das kommt schon noch irgendwann. Ich muss es auf mich zukommen lassen. Druck bringt mir nichts, Druck wirft mich nur nach hinten. Also weiterhin die Ruhe bewahren, meditieren, zur Therapie gehen und mein Mindset updaten. Man weiß nie, wie lange so ein Update benötigt. Am Anfang steht da zwar meistens „ungefähr zwei Minuten" auf dem Bildschirm, aber wir wissen wohl alle, dass das gelogen ist. Meistens dauert das länger, viel länger. Aber wenn das Update erst mal aufgespielt wurde, läuft alles wieder wie geschmiert.

Ich hatte keine Ahnung, wie lange mein Update dauern würde. Es war langsam egal. Ein gutes Zeichen. Ganz langsam tastete ich mich wieder an das Leben heran. Wie ein kleines Baby, das laufen lernt. Es startet unheimlich viele Versuche, bis der erste Schritt klappt ohne hinzufallen. Es übt und übt und übt, bis es plötzlich steht. Dann setzt es einen Fuß vor den anderen. Und plötzlich läuft es. In dieser Phase war ich dieses Baby.

Du wirst noch viel öfter hinfallen und weinen, als du glaubst.

Was meine Depression sagen will...

Wen brauche ich?

Nathalie hatte mir geschrieben. Auch sie machte sich Sorgen. Aber das hatte mich gerade nicht zu interessieren. Es war wieder ein Test für mich. Kann ich auf mich achten oder will ich wieder nach der Pfeife der anderen tanzen? Ich antwortete nicht. Sonst würde ich sie treffen und ihre Fragen beantworten. Was habe ich davon? Ein ruhiges Gewissen. Hilft mir das? Nein. Ich musste alleine sein, damit ich mich verändere.

Ludo versuchte mich zu erreichen. Auch da hatte ich die Verpflichtung, mich mitzuteilen. Wie ist der Fortschritt? Wie geht's weiter? Das nervte.

Heute nahm ich mir vor, schwimmen zu gehen. 35 Minuten. Das tat richtig gut. Als ich wieder zu Hause ankam, las ich eine E-Mail meines Anwalts. Mein Arbeitgeber bezahlte mich endlich. Super Neuigkeiten, aber ich war nicht zufrieden, denn so wirklich beschäftigt haben sie sich damit wohl nicht. Mir stand das Geld bis zum 5. März zu. Aber sie waren unfähig. Trotzdem war es ein guter Tag. Gute Nachrichten vom Anwalt und mir gelang es, mit einem Kontakt zu sprechen. Ein Schritt nach dem anderen. Wie ein Baby.

Wieder Wochenende. Eigentlich eine schöne Sache, aber für mich bedeutete das zwei quälende Tage. Mehr Menschen unterwegs und meine Mitbewohner waren auch zuhause. Gerade morgens für das Frühstück. Nach meiner Meditation und dem Spaziergang kam ich heim, hatte voll Hunger. Aber die Küche war besetzt. Und ich wollte nicht reden. Zumindest nicht mit meinen Mitbewohnern. Ich wartete und blinzelte immer aus dem Zimmer, um zu hören, ob noch jemand in der Küche frühstückte. Irgendwann war die Luft rein, alle weg. Ansonsten hätte ich vermutlich unterwegs was essen müssen.

Danach fuhr ich zur Therapie. Diese Stunde bereitete mir mittlerweile Freude. Ich ging aber wieder mit vielen Erwartungen hin, die diese 45 Minuten selten erfüllten. Ich erhoffte mir – wie nach jeder Stunde – einen Denkanstoß. Als ich in der Praxis ankam, sah ich einen anderen Patienten. Das fühlte sich schon komisch an. Dann kam der Therapeut aus dem Zimmer und war sehr überrascht, mich zu sehen. Er bat mich kurz rein.

«Ich glaube, wir haben uns missverstanden. Wir haben erst nächste Woche einen Termin.»

Das war sehr peinlich. Ich stand da wie ein Trottel und fühlte mich dumm. Aber ich weinte nicht. Mein Therapeut löste das respektvoll mit mir gemeinsam. Er wimmelte mich nicht direkt ab, sondern erklärte mir das in Ruhe. Ich fühlte mich trotzdem mies, aber nach einem Spaziergang nach Hause beruhigte ich mich. Dann bin ich ins Gym und zog mein Programm durch. Es war mein Fehler, denn ich hatte erst am nächsten Tag einen Termin. Zwei Termine pro Woche werden von der Krankenkasse normalerweise nicht bezahlt. Aber hey, die Tränen blieben zum ersten Mal seit langer Zeit aus. Ein Fortschritt. Der restliche Tag verlief eher ruhig.

Samstag! Ich stand um acht auf. Heute stand Yoga an. Ich ließ mir viel Zeit beim Frühstücken. Zu viel Zeit, denn ich musste mich beeilen, um rechtzeitig da zu sein. Zu spät zu kommen bedeutete, in einen Raum zu treten und alle Aufmerksamkeit auf sich zu ziehen. Das packte ich nicht. Wenn die Tür zu ist, fahre ich wieder heim oder mache was anderes, sagte ich mir. Die Tür stand noch offen.

Yoga tat mir extrem gut. Ich lenkte mich ab, bewegte mich und durch die Praxis baute ich langsam den Zugang zu mir selbst auf. Es war sehr anstrengend, aber positiv anstrengend. Langsam entwickelte sich ein Yoga-Flow.

Im Briefkasten ist Post von der Krankenkasse. Was ist jetzt los?

In meinem Kopf ging es direkt wieder rund. Ich befürchtete schlimme Sachen. Therapie wird nicht mehr bezahlt, kein Recht auf Krankengeld, kein Recht auf irgendwas. Aber das fand nur in meinem Kopf statt. Ich öffnete den Brief und sah den Krankengeld-Bescheid. Puh, das lief nochmal gut. Solange ich krankgeschrieben werde, konnte ich mich voll und ganz auf meine Gesundheit konzentrieren. Zumindest bis zu 78 Wochen. Das beruhigte mich. Ich war dankbar, hier zu leben und in so einer schwierigen Phase unterstützt zu werden. Ich bekam Raum und Zeit, um mich zu erholen, um zu mir selbst zu finden. Ganz in Ruhe, ohne Stress. Den einzigen Stress machte ich mir selbst, indem ich mich unter Druck setzte, möglichst bald wieder fit zu werden. Aber für was? Für wen? Warum die Eile? Ich werde schon zur richtigen Zeit wieder fit. Davon war ich überzeugt.

Die Therapiestunde heute war echt super. Ich konnte reden. Einfach alles rauslassen, was ich dachte. Auch, wenn einiges davon noch wenig Sinn ergab. Heute war viel Bullshit dabei. Das musste ich alles erst ordnen – mit Hilfe der Therapie. Es war krass, als er mir vorschlug, mich auf die Couch zu legen. Zuerst war das ungewohnt, aber dann war ich so extrem im Redefluss. Das sollten wir wohl ab jetzt jedes Mal so machen. Und ich entschied mich für die Gruppentherapie.

Eines meiner Probleme waren soziale Kontakte. Im Moment schaffte ich es nur, mich mit einer Person zu beschäftigen. Hier war mein Ziel, mich langsam wieder daran zu gewöhnen, mit mehr Menschen in Kontakt zu treten. Also probierte ich es im geschützten

Kreis aus. Einmal. Wenn es nicht passt, könnte ich immer noch gehen.

Am Abend traf ich mich mit Fer. Ich war total aufgeregt, denn es war ein ganz besonderer Abend. Zum ersten Mal ging ich unter Leute, in ein ungewohntes Umfeld. Wir gingen Burger essen und ins Kino. Ich tastete mich vorsichtig heran. Ich versuchte, mich wieder an Menschen zu gewöhnen. Ein bisschen mulmig fühlte ich mich schon. Krass, was die Depression mit mir anstellte. Lange Zeit war das für mich die Hölle, das hätte ich gar nicht ertragen. Aber diese Ängste verabschiedeten sich langsam.

Wir unterhielten uns, ich lachte. Ich spürte Freude. Ich gewöhnte mich an die Umgebung und die Menschen um mich herum belasteten mich nicht. Es war der totale Stresstest, das hätte auch nach hinten losgehen können. Aber es ging mir darum, Dinge auszutesten und zu schauen, wie ich mich fühle. Sobald es zu viel wurde, hätte ich sofort abbrechen können.

Im Kino saß direkt jemand neben mir, aber auch das brachte mich nicht aus dem Konzept. Ich war nervös und hatte kurz Angst, aber es passte. Es passierte was und ich sagte mir: Es wird besser. Es geht weiter. Es geht bergauf.

Ich bin sonntags noch nie zuvor so oft automatisch um acht Uhr aufgewacht. Selbst als ich noch im Schichtdienst arbeitete, drückte ich mich so oft es geht vor dem Frühdienst am Wochenende. Das klappte meistens.

An jedem Tag telefonierte ich mit Ludo. Das entwickelte sich zu meiner Sonntags-Routine. Das stabilisierte mich. Auch wenn ich nochmal weinte. Weinen gehörte für mich mittlerweile dazu. Der Sonntag verging wie im Flug.

Montags sah das anders aus. Ich war den ganzen Tag mies drauf und traurig. Nach dem Gym legte ich mich ins Bett. Ich blickte ständig aufs Handy. Dabei entfernte ich fast alle Social Apps. Dabei kam ich ins Grübeln. Was ist mir bei sozialen Kontakten wirklich wichtig? Wo fühle ich mich wohl und kann so sein, wie ich bin? Mir fiel eine Story aus meiner Kindheit ein. Ich war acht und hatte die erste Vier, ansonsten hatte ich nur Einsen. Ich fühlte mich schlecht, fühlte mich schuldig, dass ich mich bei meiner Mutter dafür entschuldigte. Ich entschuldigte mich für meine erste „schlechte" Note. Wieso setzte ich mich so früh unter Druck? Was hatte das mit meinen sozialen Kontakten zu tun? Ich wollte es schon immer anderen recht machen. Ich bemühte mich, anderen zu gefallen. Selbst nicht aufzufallen. Durch schlechte Ergebnisse fiel ich auf. Das ging nicht. Da steckte bestimmt noch mehr dahinter.

Mir war langweilig, aber ich wollte nicht lesen, keinen Podcast anhören. Ich wollte was unternehmen, aber ich war unsicher. Ich wollte mich keinem zumuten.

Ich wusste auch nicht, wen ich treffen wollte oder wer mich überhaupt treffen möchte. Ich traute mich nicht, jemanden zu fragen. Ich hatte Angst vor der Reaktion, Angst vor weiteren Rückfragen oder gar einer Absage. Ich musste mich rechtfertigen. Das würde mich total überfordern. Wie lange würde ich es überhaupt aushalten? Will ich wirklich jemanden treffen?

Ich entschied mich spontan, zum Yoga zu fahren. Ich fuhr unnötig spät los. Als ich den Kursraum betreten wollte, war die Tür zu. Was jetzt? Ich wollte nicht rein. Ich wollte nicht, dass mich irgendjemand anschaut. Ich wollte unsichtbar Yoga machen und dann unsichtbar verschwinden. Das ging nicht mehr. Ich fuhr nach Hause. Heute ist nicht mein Tag. Heute bleibe ich lieber alleine. Das ist sicherer, bildete ich mir ein.

Am nächsten Tag traf ich Dennis an der Isar. Dennis wurde kurz vor meiner Depression ein Bekannter, fast ein Freund. Die Freundschaft entwickelte sich gut, bis ich mich wegen der Krankheit zurückzog. Er erkundigte sich ständig bei mir, aber ohne zu nerven. Er interessierte sich für mich. Ich überprüfte alle sozialen Kontakte auf Qualität. Wer ist ein echter Freund? Auf wen kann ich mich verlassen? Wem bin ich wichtig? Wer hört mir zu? Wen kann ich um Hilfe bitten? Viele Fragen, auf die ich keine Antworten fand.

Erst stellte Dennis ein paar Fragen, doch relativ schnell ging es nur um ihn. Das war stressig. Dennis schien nicht wirklich ein beruhigender Faktor für mich zu sein. Er stand auch an so einem Wendepunkt in seinem Leben. Er teilte sich mit, was absolut okay ist. Gerade war das aber schwierig für mich. Das konnte ich nicht ertragen, weil ich eben auch so viel mit mir selbst beschäftigt war.

Dann war da noch Anton. Anton kannte ich seit meinem Umzug nach München. Ich hatte ihm damals in einer Bar ein Bier spendiert. Wir trafen uns öfter beim Feiern. Als ich ein Date wollte, lehnte er ab. Seitdem entwickelte sich über die Jahre eine richtig gute Freundschaft. Als er vor drei Jahren nach Spanien zog, entfernten wir uns voneinander. Irgendwie plätscherte die Freundschaft plötzlich vor sich hin und der Kontakt wurde immer weniger. Wir lagen oberflächlich auf einer Wellenlänge, aber ich erfuhr selten etwas über seine Probleme.

Das störte mich irgendwann so sehr, dass die Freundschaft einen Bruch erlebte. Es war zeitweise eine tolle Freundschaft, aber oberflächlich, was auch an mir lag. Zu einer Beziehung, ob es eine Freundschaft oder eine Partnerschaft ist, gehören immer zwei. Beide sorgen dafür, dass sich etwas positiv oder negativ entwickelt. Ich entwickelte zwischenzeitlich Gefühle und glaubte, dass er die auch mal hatte. Das war so ein unausgesprochenes Ding. Hatte ich mir nie eingestanden. Er ging mir jedenfalls nicht aus dem Kopf. Nicht im Sinne von verliebt sein, ich dachte aber oft an ihn.

Was hatte ich von der Freundschaft? Sobald es kritisch wurde, erfuhr ich nichts mehr. Keine Antworten, keine Reaktion. Er ging mir so lange aus dem Weg, bis es ihm wieder besser ging. Ohne zu reden. Damit kam ich nicht klar. Trotzdem war da eine Verbindung und er schwirrte ständig in meinem Kopf.

> Geh weiter auf die Suche und analysiere dein Umfeld. Wer ist in der Lage, dir genau das zu geben, was du brauchst? Du bist besonders, du hast besondere Bedürfnisse, die noch nicht einmal du genau kennst.

Was meine Depression sagen will...

Gruppentherapie!

Mittlerweile überzeugte mich mein Therapeut von der Gruppentherapie. Ich sagte also den ersten Termin zu.

«Ich glaube, das könnte Ihnen helfen.»

Normalerweise bekam ich nie so etwas wie eine subjektive Einschätzung.

«Hier können wir Ihre Verhaltensweisen simulieren und sehen, woran wir arbeiten können.»

Ich war am Anfang sehr abgeneigt und der Gedanke, mit fünf oder sechs anderen in einem Raum zu sitzen, bereitete mir große Angst. Mir gelang es gerade so, mich mit einem Menschen zu beschäftigen. Mehrere Menschen waren da eine andere Hausnummer. Ich musste wieder alles neu lernen. Auf der anderen Seite war es ein geschützter Raum, in dem ich üben konnte.

Ich war super nervös und ängstlich, aber ich stellte mich. Als ich den Warteraum betrat, standen die anderen Teilnehmerinnen und Teilnehmer bereits da. Ich presste ein „Hallo" aus mir heraus. Dann startete die Stunde. Ich hörte nur zu. Nach wenigen Minuten fühlte ich mich unwohl. So viele Gesichter und Geschichten, die ich aufsog wie ein Schwamm. Dazu meine Schwäche, ich war voll mit Angstschweiß und total überfordert. Mit Menschen. Alle waren total nett, aber es war zu viele. Die Geschichten belasteten mich. Ich muss mich doch gerade um mich selbst kümmern und kann mich nicht mit anderen Geschichten befassen. Hier wurde ich gezwungen, mir das anzuhören. Ich wollte raus.

Das war zu früh und generell zu viel für mich. Das war richtig krass. Ich flüchtete danach nach draußen, um an die Luft zu kommen. Ich hatte das Gefühl, das wirft mich zurück. Ich zitterte. Bei den ganzen Schicksalen stellte ich meine Probleme direkt nach hinten. Ich war es gar nicht wert, in der Gruppe besprochen zu werden. Ich hatte Angst und war schockiert darüber, wie groß meine Probleme zu diesem Zeitpunkt waren. Ich konnte nicht mit mehreren Menschen in einem Raum sitzen. Sollte ich darüber tatsächlich erschrocken sein?

Ich sagte mir immer wieder: Langsam angehen.

Am nächsten Tag bin ich zur Einzelsitzung.

«Ich will da nicht mehr hin, ich fühle mich unwohl. Es ist zu früh.»

Ich war die Gruppe los.

Nach der Stunde legte ich mich ins Bett. Ich wollte nicht mehr aufstehen. Aber das bringt doch nichts. Ich muss etwas tun, ich muss raus. Ich habe mich aufgerafft.

Keine Ahnung, wie mir das gelungen ist. Dann war ich lange mit Fer an der Isar spazieren, was sehr gut tat. Wir haben gar nicht viel geredet, aber es war in Ordnung. Ich bin froh, dass ich aufgestanden bin.

Hab Geduld und übertreibe es nicht mit der Therapie. Schritt für Schritt, aber ich weiß schon, dass Geduld so gar nicht deine Stärke ist. Mit mir lernst du das jetzt.

Was meine Depression sagen will...

Rückfall

Nach meinem Spaziergang am Morgen besorgte ich mir einen Smoothie in einem Café in der Nähe. Es war voll, aber dennoch bin ich einfach rein, allerdings schaute ich niemanden an. Wie in einem Tunnel. Dann packte ich zu Hause meine Gym-Tasche. Irgendwie fehlt etwas. Ich vermisse meinen Geldbeutel, dachte ich. Er lag nicht da, wo er sonst liegt. Ich bekam direkt Panik. Hektisch suchte ich alles ab. Ich fuhr zum Café. Da benutzte ich ihn zuletzt. Es war die Hölle los, aber ich ging rein und fragte nach – keine Spur.

Ich lief die Isar hoch und runter, nichts da. Die Tränen flossen. Weinend ging ich nach Hause und überlegte. Das kann nicht sein! Wie dumm und unfähig bin ich? Wieso verliere ich meinen Geldbeutel? Ich wertete mich sofort ab. Ich will mich einsperren und weinen. Ich male mir das schlimmste Szenario aus. Ich müsste Bankkarten, Führerschein und Krankenkarte neu beantragen. 100 Euro waren da auch noch in bar drin. Meine Gedanken kreisten und ich weinte immer weiter. Bekomme ich es nicht einmal hin, auf meinen Geldbeutel aufzupassen? Anscheinend nicht. Ich bin so dumm. So ein Idiot.

Dann kam ein Gedanke. Ich warf nochmal einen Blick in meine Sporttasche. Vielleicht habe ich ihn irgendwo reingelegt, aber das kann eigentlich gar nicht sein. Dann schaue ich in den Kulturbeutel – und da liegt er. Mir fällt ein Stein vom Herzen und gleichzeitig frage ich mich, wie ich auf die Idee komme, ihn da reinzulegen. Ich musste mich sammeln und beruhigen. Ich war geschockt. Der Tag hätte nicht schlimmer starten können. Klar, es würde auch jeden gesunden Menschen aus der Fassung bringen, die Wertsachen zu verlieren. Aber ich hatte ihn dann doch noch gefunden. Ich habe ihn nicht verloren, nur mein verwirrter Kopf hatte ihn in den Kulturbeutel gelegt. Ich deutete die Situation direkt negativ und bemerkte, wie instabil ich noch bin. Meine Haut juckte und wurde wieder heiß. Für ein paar Minuten. Mal wieder. Was ist das nur?

Ich wollte mich nun ablenken. Telefonieren zum Beispiel. Ich wollte mit Anke, Ludo und Leonardo telefonieren. Aber alle drei sagten ab. Keiner hatte Zeit. Ohne Depression hätte mir das wahrscheinlich nicht so viel ausgemacht. Aber in der Depression war ich hypersensibel und sofort angreifbar, sofort verletzt. Alles verschwört sich, alles ist negativ. Nichts ist gut.

Mir gelang es zwar Schritt für Schritt, diesem Gedankenstrudel zu entfliehen, aber die schlechten Gefühle waren noch da. Das war schrecklich für mich. Ich weinte sofort. Bin ich so wenig wert? Will mich keiner treffen? Will niemand mit mir telefonieren?

Mir fiel die Decke auf den Kopf. Draußen weinte ich weiter. Es hörte nicht auf. Die Depression meldete sich mit aller Wucht zurück. Ich musste es zuzulassen. Und aushalten. Irgendwie. Und auf mein Gefühl zu hören.

Heulend saß ich am Abend auf einem großen Stein an der Isar. Ich spürte Schmerz und Panik. Kann ich das wirklich schaffen? Ertrage ich das alles? Was passiert mit mir? Ich fühlte mich ohnmächtig. Vielleicht ist Fer zu Hause, dachte ich. Er war meine allerletzte Hoffnung. Ich traute niemandem zu, mir zu helfen, lieber wollte ich alles alleine schaffen. Das war so dumm von mir. Ich war so misstrauisch. Ich bin doch schon dabei, mir Hilfe zu holen. Wieso schaffe ich das nicht öfter? Er kam sofort und umarmte mich. Ich weinte weiter.

«Ich habe Angst, dass die Depression schlimmer wird.»

«Das glaube ich nicht. Dir geht es schon besser. Du hast einen schlechten Tag. Alles wird gut.»

Fer beruhigte mich. Wenn das in dieser Situation überhaupt möglich war. Es war richtig, jemanden anzurufen, damit ich nicht ganz alleine war. Wir saßen noch eine Weile an der Isar und spazierten eine Runde. Dann ging ich nach Hause. Ich war aufgewühlt, müde und einfach nur erschöpft. Wie geht das weiter? Ist das wieder ein Rückfall? Ich hoffe nicht.

Am nächsten Morgen saß ich vor meinem Bett auf dem Boden und starrte die Wand an. Ich war ratlos, energielos, fühlte mich schlecht. Mein Handy wollte ich gar nicht in die Hand nehmen. Zu groß war die Angst, wieder abgelehnt zu werden. Die Überforderung wurde größer. Alles lag vor mir, aber war das richtig? Momente des Zweifelns, Momente der Unsicherheit. Die Depression war die größte Herausforderung meines Lebens. Der größte Kampf, den ich aushalten musste. Ja, ich musste. Normalerweise habe ich eine andere Einstellung, aber hier ging es darum, Verantwortung zu übernehmen. Verantwortung für mein Leben. Ab jetzt und für immer. Ich wusste ganz genau, dass ich diesen Kampf gewinne. Manche Runden drückten mich tief in den Boden. Ich war oft kurz davor, aufzugeben und die Augen zu schließen. Die Fortschritte erschienen nichtig. Mir wurde bewusst, dass der Kampf noch härter wird, immer wieder. Selbst wenn ich glaube, ich habe alles geschafft, werde ich über Steine stolpern. Und hinfallen. Und weinen. Es ist so verdammt wichtig, nicht aufzugeben, immer wieder aufzustehen. Wie ein Baby, das lernt zu laufen. Das Baby zweifelt gar nicht, dass es das nicht kann. Es steht immer wieder auf. Bis es stehen bleibt. Das ist mein Kampf. Zurück zum Ursprung. Da beginne ich. Und versetze mich in die Gedanken eines Babys.

Ich lief mit einem Buch in der Hand an die Isar, ganz alleine. Die Sonne schien den ganzen Tag und ich hatte das Gefühl, dass ich das gerade brauche. Vier Stunden war ich vertieft in das Buch *Hey Hirn* von Leon Windscheid. Das war wie ein Neustart für mein

Gehirn. Die Sonne tat mir auch gut. Durch den Tag am Wasser beruhigte ich mich und meine Gedanken. Es war kein Rückfall, es war der nächste Schritt, mit scheinbar negativen Dingen klarzukommen. Das wird mir mit Sicherheit noch öfter passieren, das muss ich aushalten und ertragen, ohne es persönlich zu nehmen. Der nächste Sturm scheint vorüberzuziehen.

«Wieso machst du nicht eine Woche Urlaub. Yoga-Retreat oder so», schlägt Ludo vor.

Keine schlechte Idee. Irgendwie raus. Aber sobald es konkret wurde, zitterten meine Hände. Allein irgendwohin? Was mache ich da? Wird das helfen? Ich weiß nicht. Routine half mir, sie schuf ein vertrautes Umfeld, ein sicheres Umfeld für mich. Und die Therapie war gerade auch sehr wichtig. Ein Tapetenwechsel würde mir sicher guttun, aber es fühlte sich noch nicht richtig an. Vielleicht in ein paar Monaten oder bevor ich wieder arbeite.

Langsam lernte ich, die Signale zu deuten und zu verstehen. Ich verzichtete auf Urlaub. Ich setzte auf meine Routine. Dazu musste ich mir bald eine Wohnung suchen, ohne Job und in dieser Verfassung. Die Situation in der WG war schrecklich. Mit Nicky redete ich kein Wort. Sie versuchte in letzter Zeit oft, mit mir zu sprechen, doch ich spürte nur Ablehnung.

Ich lasse mir auch alles gefallen. Hauptsache, den anderen geht es gut. Hauptsache, die anderen machen sich keine Gedanken. Ich verhungere dabei emotional. Und lächle dabei noch, damit man mir das bloß nicht anmerkt. Wozu? Um gemocht zu werden? Um gut anzukommen? Um nicht anzuecken? Nach dieser Depression werde ich mich verändern. Ich werde zu mir selbst finden. Und dann bleiben einige auf der Strecke. Nicht, weil ich das absichtlich mache. Sondern weil es längst überfällig ist. Es ist ungesund, sich alles gefallen zu lassen, um gemocht zu werden. Ich kann und will mich nicht mit jedem verstehen. Ich hatte ein Ziel: zu mir selbst zu finden. Meine eigene Kraft entdecken, erfahren, erleben. Das schaffe ich nicht, wenn ich auf andere höre. Das schaffe ich nicht, wenn ich mich unterdrücke. Ich falle regelmäßig auf die Fresse, wenn ich diese Regel nicht beachte. Das wird eine riesengroße Aufgabe für mich. Eine Life-Challenge, die mich sehr lange begleiten wird. Sozusagen die Uni des Lebens.

Das ist meine Aufgabe. Denn ich hatte so langsam das Gefühl, ich spreche eine andere Sprache als alle anderen. Alle versuchen mir ihre Sicht aufzudrücken. Und ich fühle mich verpflichtet, in diese Welt einzutauchen, alles zu verstehen und das auch so zu sehen. Irgendwie komisch, aber ich konnte damit nichts anfangen.

Was will ich und von wem? Ich erkannte, dass ich aus dieser Welt raus will. Ich wusste noch nicht, wohin. Aber ich wollte raus. Raus aus der WG, raus aus dem Mindfuck. Raus. Ich habe mich zerstört und mir ist es nicht einmal aufgefallen. Aber es ist nicht so, dass ich dafür nichts konnte. Dann wäre ich das Opfer. Das Opfer, das nichts tun kann. Das Opfer, das dem erlegen ist. Nein, ich bin nicht das Opfer. Ich habe mich selbst zerstört, in den Brunnen gekickt. Zum Glück habe ich noch ein dickes Seil hinterhergeworfen, um mich kurz vor dem Abgrund festzuhalten, um mich langsam wieder hochzuziehen. Aber im Brunnen warten noch viele Menschen, die mich daran hindern. Die muss ich hinter mir lassen. Diesen Menschen muss ich vermitteln, dass ich ab jetzt nicht mehr mitspiele. Dass es mir nicht gut tut, wenn ich so weitermache. Das wird viele vor den Kopf stoßen, denn ich verhalte mich anders, ich leiste mehr Widerstand, ich tue mehr das, was ich möchte und nicht das, was andere möchten.

> Ganz genau, du hast dich selbst zerstört. Ich bin hier, um dir das zu zeigen. Ich bin hier, um dir den Weg aus diesem Dilemma zu zeigen.

Was meine Depression sagen will...

Das Ich-Gefängnis

Gerade fühle ich mich gefangen in meinem eigenen kaputten Ich. Es wurde jahrelang gefüttert, mit ganz bestimmten Verhaltensweisen, Überlebensregeln. Hat meistens ganz gut geklappt. Das hat mich beschützt und weit gebracht. Aber irgendwann kommen die Defizite an die Oberfläche. Irgendwann bringen diese Verhaltensweisen nichts mehr, sie schaden mir. So wie jetzt.

Ich will ein anderer Mensch sein. Wie schaffe ich das? Ich bleibe immer fürsorglich, mitdenkend, empathisch. Und es wird immer Menschen geben, die das sehr gut auszunutzen wissen. Also, was ist die Lösung? Besser damit umgehen? Wie? Es zu meiner Stärke machen? Was ist mit meinen Bedürfnissen, die ich immer hinten anstelle, ganz automatisch. Das kann ich gar nicht steuern. Ich bin nicht in der Lage, mir bei zwischenmenschlichen Beziehungen zu nehmen, was ich wirklich brauche. Da fehlt mir etwas. Keine Ahnung was, aber es fehlt etwas.

Dieses etwas sorgte bei mir für die Depression. Dieses etwas musste ich kennenlernen, umarmen und dann auflösen. Betrachten, beleuchten, analysieren. Ich drehte jeden Stein um. Egal, wie unangenehm das war. Es zahlt sich aus. Immer. Das werde ich beweisen, denn das Leben ist viel zu schön, viel zu großartig, um es in der Opferrolle zu verbringen. Um so viele Möglichkeiten nicht zu nutzen. Nein, ich bin derjenige, der 15 Minuten vor jeder Therapiestunde da war. Der es kaum erwartete, die persönlichen Themen zu behandeln. Die Kindheit aufzuarbeiten. Den ganzen Schmerz aufzudecken. Mich selbst zu entdecken. Ich hatte keine Angst. Ich hatte eher Angst davor, das nicht zu wollen und nicht zu schaffen. Nur an der Oberfläche zu existieren. Abzuhauen, wenn es kompliziert wird. Hinter der ganzen Angst, hinter den ganzen schmerzvollen Erfahrungen und Befürchtungen wartet ein zufriedenes Leben. Da wartet ein strahlend blauer Himmel, der die ganze Zeit da ist. Bei jeder Träne dachte ich an diesen wunderschönen blauen Himmel, der nie verschwindet. Der immer gleich schön ist. Auf den man sich verlassen kann. Die Tränen, Erfahrungen und Erlebnisse, die ziehen vorbei. Irgendwann. Danach wartet die Vollkommenheit auf mich. Das Gute ist, ich muss sie mir nicht kaufen. Ich muss sie nicht erlernen. Ich muss sie aus dem Tiefschlaf wecken. Mit einem festen Ruck. Gerade befindet sich meine Vollkommenheit im Winterschlaf. Da ist schon ein bisschen mehr als ein Ruck nötig. Ich bin aber auf einem guten Weg. Es ist mein Weg.

Vor dem zweiten Termin bei der Psychiaterin hatte ich Angst, denn mein erster Termin verlief nicht gut.

Ich wurde krankgeschrieben, aber niedergemacht. So fühlte es sich an. Ich fühlte mich wie ein Abhängiger. Zum Glück konnte ich das mit meinem Therapeuten auflösen. Das Hautstechen tauchte unmittelbar vor dem Termin wieder auf. Was ist das bloß?

Dieses Mal war es angenehmer. Sie war einfühlsamer, menschlicher. Ich war erleichtert und empfand es nicht mehr als Angriff, was sie sagte. Ich wurde nicht unter Druck gesetzt, man legte mir keine Steine in den Weg. Das, was ich sagte und fühlte, wurde akzeptiert. Ich erhielt die Unterstützung, die ich in so einer Situation benötigte.

> Um zur Vollkommenheit zu gelangen, musst du erst an dem Monster vorbei, das in dir wohnt. Es erscheint groß und stark, weil du das zugelassen hast. Du kannst es aber auch wieder einfangen und besiegen.

Was meine Depression sagen will...

Keiner sieht es, doch ich fühle es

Bei meinem Freundeskreis drückte ich auf den Reset-Knopf. Das war notwendig, um mir genau anzuschauen, wer mir wichtig war, zumindest für den Moment. Während der Depression sah ich das ganz klar vor mir. Super anstrengend, denn meine Freunde bemerkten das nicht. Ich kann es auch nicht so richtig erklären, weil es im Unterbewusstsein steckt. Jede Handlung, jedes Wort, jede Geste - alles ergibt Sinn für mich. Meine Psyche war komplett offengelegt. Wie eine offene Wunde. Jeder Luftstrom, jedes Licht auf diese Wunde schmerzte, ließ sie aber heilen. Allerdings sah keiner die Wunde. Nur ich. Was mache ich also mit meinen Freundschaften?

Ich war jemand, der sehr viele Freundschaften hatte. Zu viele, glaube ich. Ich war immer beliebt, doch die meisten Freundschaften waren oberflächlicher Natur. Ich war auch immer so beliebt, weil ich genauso handelte, wie es andere erwarteten. Alle wussten, was sie von mir hören werden, denn Konflikten ging ich meistens aus dem Weg. Es gab wenige, langfristige Freundschaften. Ich schaffte es nicht, Freundschaften zu pflegen und zu erkennen, welcher Wert dahinter steckt. Dann verabschiedete ich mich und ging weiter. Es ist nicht so, dass mich das großartig störte. Aber Bindung, Vertrauen und Substanz spürte ich nicht. Ich sah den Wert gar nicht, weil ich das nicht kenne. Es überforderte mich, wenn andere Menschen bei mir Bindung und Vertrauen suchten. Deshalb hatte ich vermutlich auch noch keine Beziehung und fühlte mich auch als Single wohl. Aber auch Freundschaften sind Beziehungen. Mir wurde klar, dass ich ein Update brauche. Was ist mir wirklich wichtig? Dass ich tief im Inneren genau diese Bindungsfähigkeiten besitze, ist mir klar. Dass ich daraus auch tiefgründigere Freundschaften bilden kann, auch. Ich war bereit, immer tiefer einzutauchen. In meine Themen. Ich entwickelte mich. Aber es war so verdammt schmerzhaft. Und es war verdammt schwierig. Muss man so hart leiden, damit man am Ende glücklich ist?

Im Moment brauche ich sehr wenige Freunde, im Moment will ich sehr wenige Freunde. Warum? Weil viele nicht richtig erscheinen. Jeder hat sein Päckchen zu tragen, jeder ist mit seinen Themen beschäftigt. Ich muss auf mich schauen. Dann sehe ich, wer danach übrig bleibt und das versteht, sagte ich mir.

Mein Hautstechen hörte nicht auf. Ich ließ es von einem Hautarzt untersuchen und bekam schnell einen Termin.

«Ich sehe leider nichts, aber vielleicht helfen Antihistaminika.»

«Okay.»

Ich stellte keine weiteren Fragen und nahm die Tabletten direkt ein. Die machten mich ganz schön müde. Nach zwei Wochen sollte eine Wirkung eintreten. Eigentlich nahm ich gerade ein Antiallergikum, aber gut. Ich bin ja kein Arzt. Am Anfang dachte ich ja, das sind Entzugserscheinungen. Aber was ich nicht alles denke. Jedes Mal, wenn ich mich gestresst fühle, wurde meine Haut heiß und juckte. Ein paar Minuten. Egal, ob ich drin, draußen oder im Bett war. Ja, im Bett fühlte ich mich auch gestresst. Durch Gedanken. Durch eine Nachricht. Oder durch einen Anruf. Es verschwindet nicht. Auch ein zweiter Hautarzt konnte nicht helfen, weil man nichts auf der Haut sah. Die Tabletten soll ich aber weiternehmen. Der Zustand verbesserte sich aber nicht.

Ich zeige mich auch durch körperliche Symptome wie Hautjucken. Vor allem, wenn du im Stress bist. Da wird keine Tablette der Welt dir helfen, außer du bildest dir das ein. Aber du spürst schon, dass ich der Grund deiner Hautprobleme bin. Du spürst schon, dass deine ganzen körperlichen Krankheiten in der Vergangenheit auf dein psychisches Befinden zurückzuführen sind. Meine Signale sind vielfältig und kreativ.

Was meine Depression sagen will...

Dankbarkeit

Die Therapie wurde zu einem festen Bestandteil meines Lebens. Am Anfang war ich super skeptisch und ungeduldig. Ich zweifelte an seinen Methoden. Es ging mir zu langsam und ich überlegte gerade in den ersten Wochen, ob mir das hilft. Meine Haltung veränderte sich zu einem bestimmten Zeitpunkt. Diese wertvollen 45 Minuten halfen mir so sehr, meine Depression in den Griff zu bekommen. Dabei passierte die Heilung eher zwischen den Sitzungen. In den 45 Minuten gab es Denkanstöße, auf die ich alleine nie im Leben kommen würde. Ich spreche über meine Verhaltensweisen und erkenne, dass meine Wahrnehmung in vielen Situationen einfach nicht stimmt. Es sind Denkanstöße, die an meinen Überzeugungen rütteln und sie letztendlich über Bord werfen. Dadurch entsteht plötzlich ein nie da gewesener Raum für neue Gedanken, neue Verhaltensmuster. Es war sehr anstrengend, schmerzhaft und mit vielen Tränen verbunden. Aber darüber beschwerte ich mich gar nicht mehr. Ich akzeptierte das. Durch das Weinen passierte auch etwas. Es lösten sich Knoten. Schmerzhafte, fest verankerte Knoten. Ich war überrascht, nach wenigen Monaten schon solche Fortschritte zu spüren. Klar, es sind Mini-Schritte.

Aber mein Zustand veränderte sich nachhaltig. Damals wollte ich noch von der Brücke springen, weil das Leben keinen Sinn für mich ergab. So sehr versuchte mein Kopf, mir das einzutrichtern. Aber meine Seele, mein Herz meldete sich. In dem Moment erschien es so vernünftig, zu springen. Alles zu beenden. Aber das bin auch ich. Ich entscheide mich oftmals gegen die Vernunft. Aus dem Bauchgefühl heraus. Was viele nicht nachvollziehen können, denn es ist nicht rational. Aber ich vertraute darauf. Das war das einzige, worauf ich tatsächlich vertraute. Und die Therapie. Heute bin ich unendlich dankbar für diese Chance, damit es mir besser geht. Damit ich mich heilen kann. Damit ich mich verändern kann. Damit ich so leben kann, wie ich mir das vorstelle. In Vertrauen und nicht in Angst.

Bei der Hausärztin wartete einmal mehr eine unangenehme Begegnung auf mich. Sie wollte sofort wissen, wie es mir geht, wie die Therapie läuft. Ich erzählte ihr beiläufig von meinen Hautproblemen und den Tabletten, die ich einnahm. Sie reagierte gereizt.

«Wieso sagen Sie mir das nicht?»

«Sie meinten doch, dass ich zu einem Hautarzt soll.»

Als ich ihr dann von den Tabletten erzähle, wird sie sauer.

«Sie können mir das doch nicht verheimlichen. Das sind starke Antihistaminika und die können mit dem Johanniskraut wirken.»

Ich saß da wie versteinert. Was passierte hier?

«Sie können doch nicht frei entscheiden, was Sie mir erzählen und was nicht. Vielleicht haben Sie trockene Haut. Sie müssen sich eincremen.»

Ich muss mich eincremen? Wow. Ich bemerkte, wie es unangenehm wurde. Wieso behandelte sie mich so? Was war das Problem? Sie schickte mich zu einem Hautarzt, weil es nicht ihr Fachgebiet war. Weil sie auch gar nicht wusste, was es ist.

Ich machte zwar Fortschritte, aber so einen Sturm von Wut hielt ich noch nicht aus. Ich machte erst mal einen langen Spaziergang und nahm mir vor, nicht mehr hinzugehen. Wieso auch? Um mich anmeckern zu lassen? Vielleicht hatte sie einen schlechten Tag und ließ alles an mir aus. Ich hatte keine Ahnung. Der Termin belastete mich sehr und war gleich Inhalt der nächsten Therapiestunde. Mein Therapeut reagierte ganz neutral wie immer.

«Vielleicht ging es hier um ein anderes Thema und nicht um Sie.»

Vermutlich hatte er recht. Ich machte noch einen langen Spaziergang. Das war zu viel für mich. Und das Hautstechen ließ natürlich nicht nach. Ich fühlte Stress und innere Unruhe. Ich suchte den dritten Hautarzt heraus. Ich wollte es so lange probieren, bis dieses Hautstechen aufhört.

Am ersten April-Wochenende war ich total aufgeregt, denn zum ersten Mal seit der Depression besuchte mich jemand. Mein Papa reiste für ein paar Tage nach München. Mit ihm telefonierte ich in letzter Zeit öfter. Er ließ mich reden, hörte nur zu. Er sagte mir nie, was ich tun soll, wie ich denken soll. Das gab mir etwas Ruhe. Ich sammelte ihn am Hauptbahnhof ein. Er hatte selbstgemachte Ravioli dabei, die wir direkt kochen wollten. Irgendwie war ich gleich gestresst und unruhig. Als wir in der WG ankamen, saßen Jan und seine Freundin in der Küche. Sie wollten auch kochen. Was jetzt? Wie soll ich das lösen? Ich fragte, ob wir zuerst kochen könnten. Jan stimmte zu. Total hektisch fing ich an, während mein Papa daneben stand und mit mir redete. Ich setzte Nudelwasser auf und eine Pfanne für die Sauce. Es war eine ungewohnte Situation, die ganze Zeit war ich alleine, niemand schaute zu. Das tat weh. Am liebsten wäre es mir, wenn er sofort wieder fahren würde. Aber ich sagte nichts. Ich kochte weiter. Innerlich begann ich nun auch zu kochen. Aber ich unterdrückte meine Stimmung, meine Gefühle, meine Wut.

«Lass uns im Zimmer essen.»

Ich aß den Teller schnell auf, an der Anspannung veränderte sich nichts. Der ganze Abend war irgendwie zu viel für mich. Mein Papa, Mitbewohner, Essen. Es war verrückt. Ich fühlte mich zurückgeworfen, weil ich Menschen in meiner Nähe nicht ertrage. Obwohl er nur da stand. Die Anwesenheit reichte.

Am nächsten Morgen gingen wir eine Runde spazieren. Ich fühlte mich immer noch sehr schlecht und konnte kaum schlafen. Nach 20 Minuten setzten wir uns auf eine Bank.

«Ich muss mich erst daran gewöhnen, dass du da bist. Das ist sehr anstrengend für mich.»

Der Druck wurde immer größer - ich weinte los. Einfach so. Es war zu viel.

«Ich will nicht, dass du weinst. Ich fahre am besten gleich direkt wieder», erwiderte mein Papa.

Das wäre mir am liebsten gewesen.

«Nein, ich muss mich daran gewöhnen. Irgendwann werde ich ja wieder öfter mit Menschen auskommen müssen. Ich brauche Zeit», antwortete ich.

Es war eine schwierige Situation, aber das war während meiner Depression normal. Es war ganz normal zu weinen, Schmerzen zu fühlen. Es bedeutete für mich, dass ich so viel versteckte. Das alles fand nach und nach einen Weg aus meinem eigenen Gefängnis. Ich stellte mich.

Später fuhren wir an den Starnberger See zum Spazieren, eine gute Ablenkung für mich. Den ganzen Tag über konnte ich meine Stimmung nicht verbergen. Wie lange dauert es, bis ich mich daran gewöhne, dass mein Papa zu Besuch ist? Noch zwei Tage muss ich es aushalten, dachte ich ständig. Ich überlegte, wo wir hinlaufen, was wir essen könnten, damit die Zeit schnellstmöglich vorübergeht.

Vielleicht ist es zu früh? Was ist zu früh? Das konnte ich nicht abschätzen. Bei jedem Spaziergang lief ich drei Meter vor um zu weinen. Ich setzte mich so unter Druck, obwohl er gar nichts verlangte. Ich musste aber gerade Entscheidungen für zwei treffen. Wann essen wir? Was essen wir? Wohin gehen wir? Mein Papa ist kein Fan von Entscheidungen, dadurch stieß ich an meine Grenzen, denn ich konnte nichts entscheiden. Das stellte ihn auch vor eine schwierige Aufgabe.

«Wie du willst», antwortete er auf meine Vorschläge.

Das frustrierte mich. Ich wusste nicht, was ich wollte. Ich zweifelte. Was kann ich eigentlich? Ich war nicht in der Lage, kleine Entscheidungen zu treffen. Oft sagte ich nichts, weil ich innerlich brodelte. Ich gewöhnte mich schrittweise an den Besuch, aber ich zweifelte. War das so gut?

Ich dachte, mir geht es wieder halbwegs gut. Aber der Besuch warf mich zurück. An irgendeine unangenehme Stelle. Ich empfing Signale, mich nicht richtig zu fühlen, wenn mein Papa da ist. Es war eine schmerzhafte Erfahrung. Eine weitere in dieser dunklen Phase. Muss das sein? Gehört das dazu? Vielleicht. Vielleicht brauchte ich das. Irgendwie hielt ich die Tage aus. Am letzten Tag fuhr ich meinen Papa an den Hauptbahnhof und begleitete ihn ans Gleis. Tränen flossen. Ergibt das Sinn? Ich weinte, als er da war. Ich weinte, als er ging. Er winkte mir aus dem Zug.

Ich weiß nicht so recht, welche Zeichen ich dir gerade senden soll, damit du auf dich achtest. Du bist der wichtigste Mensch, sonst niemand. Achte auf die Menschen um dich herum. Du spürst gerade so viel und kannst das alles gar nicht zuordnen.

Was meine Depression sagen will...

Angststörung

Am nächsten Tag hatte ich einen Termin bei einem Hautarzt, der dritte innerhalb weniger Wochen, weil mein Hautstechen nicht aufhörte und mir bisher niemand helfen konnte – vom Streit mit meiner Hausärztin ganz zu schweigen. Ich setzte mich ins Wartezimmer. Nach 45 Minuten wurde ich aufgerufen.

«Was kann ich für Sie tun?»

«Ich habe so ein Hautstechen, Hautjucken, es wird heiß und ich schwitze kurz, dann geht es wieder weg. Man sieht aber nichts.»

«Nehmen Sie Medikamente?»

«Ja, das Johanniskraut 900. Ich habe eine Depression.»

Sie schaute sich meinen Körper an, sah aber nichts. Ich ahnte schon, dass auch sie keine Ahnung hat.

«Sie können sich wieder anziehen.»

«Ich war schon bei zwei anderen Hautärzten, leider konnte mir niemand helfen. Haben Sie vielleicht eine Idee, was das ist?»

«Nun, Sie meinten ja, Sie haben eine Depression. Da man nichts am Körper sieht, könnte das etwas

Psychisches sein. Ich vermute, dass es eine Angststörung ist und Sie das mit Ihrem Psychiater besprechen
sollten.»

Ich wurde still.

«Okay, also es hat nichts mit Medikamenten zu tun?»

«Nein, das denke ich nicht. Sprechen Sie mal mit ihrem Psychiater und dann schauen wir weiter. Wenn es
nicht besser wird, kommen Sie nochmal.»

Ich ging aus dem Zimmer raus und war sprachlos. Die
ganzen Tabletten umsonst? Lag es an meiner Psyche?
Im Januar war das Hautstechen ziemlich schlimm, da
dachte ich schon an Entzugserscheinungen. Ich wäre
niemals darauf gekommen, scheinbar kommt da auch
nicht jeder Hautarzt drauf. Aber wie werde ich das
denn los? In ein paar Monaten oder Jahren, wenn es
mir vielleicht besser geht? Wie soll ich das mit dem
Psychiater besprechen? Ich hatte keine Idee. Aber es
gab zwei Möglichkeiten: Ich konnte es in der Therapie
ansprechen und bei der Psychiaterin. Zuerst hatte ich
den Termin bei der Psychiaterin. Ich war so nah dran,
endlich zu erfahren, was das ist.

Vor dem Termin tauchte das Hautstechen wieder
auf. Ich fing an zu schwitzen und mir wurde warm.
Sehr warm. Ich war total nervös und hatte Angst vor
der Psychiaterin. Sie war kühl und sachlich. Das verletzt mich direkt, weil ich es auf mich beziehe. Aber da
musste ich jetzt auch durch. Da wollte ich jetzt auch

durch. Mein Ziel war es, gesund zu werden. Mir soll es besser gehen – irgendwann. Ich wusste, dass es mir irgendwann wieder besser geht. Ich war zuversichtlich. Und das half beim Überstehen dieser Phase. In meinem Kopf bewegten sowieso schon Millionen Gedankenkreise, die ich nicht aufhalten konnte. Die mich störten, zur Verzweiflung brachten. Ich konnte es nur abmildern, indem ich spazieren ging oder zum Sport bin. Ein bisschen.

Wieder befand ich mich im Wartezimmer. Nach 15 Minuten komme ich dran. Ich erzähle ihr direkt von meinem Hautproblem.

«Die Hautärztin meint, es könnte eine Angststörung sein. Was ist das?»

«Wenn Sie vor bestimmten Situationen nervös sind oder etwas befürchten, wenn ihr Nervensystem mit den Situationen überfordert ist, dann meldet sich der Körper mit bestimmten Symptomen. Sie fühlen es, aber man sieht es nicht. Wissen Sie, wann das Hautstechen eintritt?»

«Ja, wenn ich nervös bin, Angst habe, Konsequenzen befürchte und die Situation nicht kontrollieren kann.»

«Das könnte ein eindeutiger Fall sein. Hier hilft es, darüber zu sprechen, es zu akzeptieren und es vorübergehen zu lassen. Ihr Körper merkt, dass Sie mit gewissen Situationen gerade nicht umgehen können. Das ist ein Signal.»

Das Gespräch half mir sofort. Irgendwie löste sich bei mir gerade was. Ich wusste endlich, was es ist. Ich wusste, dass ich keine trockene Haut oder sonst was habe, mit meiner Haut ist alles in Ordnung. Ich musste keine Tabletten nehmen, mich nicht mehr eincremen oder sonst was. Es war eine Angststörung. Auch nicht cool, aber jetzt kann ich es vielleicht kontrollieren? Ruhig bleiben, vorüberziehen lassen. Das ist wie mit den Gedanken. Bei jeder Headspace-Meditation ist die Message:

«Gedanken kommen und gehen. Einfach vorüberziehen lassen.»

Ich setzte mich auf mein Rad und fuhr nach Hause. Es waren keine Entzugserscheinungen. Ich konnte das Thema endlich loslassen, meine Schuldgefühle mir gegenüber wurden kleiner. Das war eine enorme Erleichterung für mich. Auch wenn mir das mein Therapeut genauso vermittelte, so richtig geglaubt habe ich ihm nicht. Vielleicht kann ich jetzt mal damit anfangen und ihm vertrauen. Vielleicht, dachte ich.

Als ich wieder nach Hause kam, hörte ich schon Stimmen aus der Küche. Fuck, wieder war jemand der Mitbewohner da. Oh Mann, was mache ich jetzt? Ich war so hungrig, ich konnte unmöglich warten. Aber kann ich in die Küche? Ich muss, es geht nicht anders, sagte ich mir und ging entschlossen in Richtung Küche. Ich öffnete die Küchentür und da sah ich Jan. Jan kochte etwas. Wenn Jan kochte, dauerte es in der Regel etwas länger. Ich sagte leise „Hallo", schaute kurz in den Kühlschrank und ging dann wieder aus der Küche. Das war dumm, denn das Hungergefühl war unverändert. Also fasste ich allen Mut zusammen und betrat erneut die Küche. Ich schmierte mir nur ein Brot. Ich war ziemlich angespannt, obwohl es nur um eine Scheibe Brot ging. Aber die Herausforderung, mit Jan zu reden, überforderte mich. Ich war mir sicher, dass ihm das auffiel.

«Wenn du irgendwas brauchst, gib ruhig Bescheid.»

Wir redeten nicht viel. Aber Jan war feinfühlig und hat schon bemerkt, wie schlecht es mir seit Monaten ging. Er beruhigte mich ein bisschen mit diesem Satz. Trotzdem war ich in seiner Anwesenheit noch nie so angespannt wie beim Schmieren des Brotes. Aber Moment, wo ist das Hautstechen? Das war die perfekte Situation dafür. Normalerweise würde ich warm anlaufen, schwitzen und hätte Juckreiz. Nichts von dem bemerkte ich in diesem Moment. Brachte die dritte Hautärztin mich auf den richtigen Weg? Ich soll die Anspannung zulassen, meinte die Psychiaterin. Dem nicht so viel Aufmerksamkeit schenken. Dann würde sich das mit der Zeit legen. Es löste sich gerade in Luft auf, das war der Wahnsinn. Es waren Signale meines Körpers, weil meine Psyche damit nicht mehr umgehen konnte. Und jetzt? Ich kenne die Situationen, bereite meine Psyche besser darauf vor. Es war nicht mehr überraschend und dadurch blieben die körperlichen Symptome aus. Ist es wirklich so „einfach"? Ich bin jemand, der immer die genauen Hintergründe erfahren will, der Dinge lösen will. So war ich schon als kleines Kind. Teilweise denke ich auch zu lange über etwas nach und gerate dadurch auf den falschen Weg. Auch bei der Depression stellte ich etliche Theorien auf und erklärte sie Fer und Ludo. Alles hörte sich plausibel an. Es half mir ein Stück weit, mich zu verstehen. Das Hautstechen war erst mal weg. Ich war so glücklich. Ein weiterer kleiner Schritt auf dem Weg zur mentalen Gesundheit. Es war enorm wichtiger Schritt, ein Erfolgserlebnis. Davon hatte ich in letzter Zeit nicht viele. Selbst wenn irgendetwas „gut" war, ich fühlte nichts. Keine Emotionen, keine Freude, eher Gleichgültigkeit. Aber hier löste sich etwas Unangenehmes für mich, was ich mir nie erklären konnte, völlig auf. Ich fand die Ursache. Ich stellte mich dem Problem. Und ich wurde belohnt. Belohnt mit Gesundheit. Das war ein tolles Gefühl. Das gab mir Hoffnung. Hoffnung, die ich schon lange Zeit nicht mehr fühlte, auch wenn ich bestimmt auf dem Weg der Besserung bin. Meine Gefühlswelt war eine sehr unregelmäßige Zick-Zack-Kurve, die im Durchschnitt relativ weit unten angesiedelt war. Ab und an fühlte ich mich „okay", dann waren da viele Tage, an denen ich am liebsten unsichtbar wäre, nur weinen könnte und mich als unnötigen Menschen betrachte. Da liege ich im Bett und warte, bis ein neuer Tag anbricht.

«Das bedeutet auch, dass langsam Bewegung in Ihre Gefühlswelt kommt. Es ist nicht mehr nur dunkel und hoffnungslos, oder?»

Da hatte mein Therapeut recht. Ein Fortschritt. So langsam spürte ich, dass sich die Geduld lohnt. Dass es sich lohnte, kleine Schritte zu gehen, kleine Erfolgserlebnisse zu feiern. Ich schlich mich nun ganz langsam von hinten an die Depression heran und irgendwann, wenn der richtige Zeitpunkt gekommen ist, schlug ich zurück. Genauso wie die Depression sich von hinten anschlich und mich als Geisel festhielt. Aber das dauerte vermutlich noch eine Weile. Ich war auf der Suche nach einem Fluchtweg.

Siehst du das Licht?
Es wird heller. Mach weiter.

Was meine Depression sagen will...

Familie und falsche Verpflichtungen

Die Beziehung zu meiner Familie war schon lange schwierig. Bereits vor der Depression war da so ein Unbehagen, so ein Unwohlsein, wenn ich bei der Familie war. Ich fühlte mich immer in eine Rolle gesteckt und erfüllte diese dann auch. Und zwar so gut, dass niemand merkte, dass ich eigentlich gar nicht da sein wollte. Dass ich mich verdammt unwohl und nicht richtig fühlte. Vereinzelt konnte ich mit meinem Vater und meiner Mutter reden. Aber auch nicht immer. Oft war es die Verpflichtung, die mich dazu brachte. Oft hatte ich gar keine Lust. Ich weiß nicht warum, aber ich fühlte mich fehl am Platz. Seit der Depression konnte ich das deutlich ausdrücken. Ich kann den Kontakt abbrechen, niemand war böse. Alle waren verständnisvoll. Alle unterstützten mich, egal wie. Die Depression zeigte mir deutlich, dass da etwas nicht stimmt. Daran durfte ich arbeiten.

Vor allem das Verhältnis zu meiner Mutter war schwierig. Ich fühlte mich so unter Druck gesetzt, so unter Zugzwang bei ihr. Ab und zu war es locker und wir verstanden uns. Dass sie nicht verstand, dass ich krank war und eine Depression hatte, schockierte mich.

Aber ich erklärte es, ja genau, ich erklärte mich, obwohl ich in diesem katastrophalen Zustand war.

Wie stellt man sich das vor? Keine Ahnung, wie das ging. In meinem Kopf herrschte wohl immer ein kleiner Fetzen Verstand, auch wenn die Depression die Vorherrschaft übernahm. Ich glaubte, da wird sich etwas Grundlegendes ändern. Es musste sich etwas Grundlegendes verändern. Mit der ganzen Familie. Ich hatte noch keine Ahnung wie. Aber so ging es nicht weiter. Bei Leonardo war ich mir nicht ganz sicher. Mal verstanden wir uns gut, mal bemerkte ich, dass wir in verschiedenen Welten leben. Er lebt mit Familie, Haus und Garten in einer Bubble, die nichts an sich heranlässt und wo nicht viel Diversität zu finden ist. Ich war in der Großstadt, schwul, Dauer-Single, in der WG lebend, der ständig Neues lernte, der zu nichts verpflichtet war, immer frei und unabhängig, beziehungsweise spontan leben konnte. Das waren krasse Unterschiede, wenn ich das betrachtete. Meine Freunde waren weitaus aufgeschlossener, wie zum Beispiel Ludo. Aber im Grunde wird er bestimmt auch irgendwann ein Haus, Garten und Familie haben und es wird ihn zufrieden stellen. Ich fühlte mich von den Ansichten total eingeengt, eingeschränkt, in ein Raster gedrückt. So ging es mir schon die ganze Zeit. Aber ich schaffte es nie, aus dem Raster zu tanzen, zumindest nicht offiziell. Familie war irgendwie nichts für mich. Ich wusste nicht, wieso ich nichts fühlte. Als Kind war ich eher der Einzelgänger, der Selbstständige. Familie war nie so ein Ding, auch weil sich meine Eltern sehr oft stritten und sich scheiden ließen. Das war eine Qual. Ständig Streit, ständig war es laut, nie war es friedlich oder überhaupt harmonisch. Ich habe gar nicht erlebt, wie eine intakte Familie aussieht und dass man aus der Familie viel Kraft ziehen kann. Das war bei mir nicht der Fall. Es war verpflichtend, erdrückend, nervend. Oft stellte ich mir die Frage, ob ich ohne Familie gut auskomme? Ob ich die Familie brauche?

Was bedeutete dieser gefühllose Anteil in mir? In der Therapie kam das oft zur Sprache. Das wird mich wahrscheinlich heute noch lange beschäftigen.

Ich wirkte schon so ein bisschen wie das schwarze Schaf. Das Schaf, dass die Familie nie oder sehr selten besucht, Feiern und Geburtstage absagt. Während der Depression war das nötig und es tat mir gut, denn alle ließen mich in Ruhe. Auch den Geburtstag von Laura, Leonardos Tochter, sagte ich ab. Ich konnte mir nicht vorstellen, bei der Familie zu sein. Höchstens bei meinem Papa. Ich brauchte zwei Tage, um mich an einen anderen Menschen, der ja nun wahrlich nicht fremd ist, zu gewöhnen. Aber nie war jemand sauer auf mich. Ich durfte tun und lassen, was ich wollte. Und trotzdem entstand bei mir jahrelang ein Gefühl der Einschränkung, der Verpflichtung. Ich war derjenige, der so große Probleme hatte. Ich konnte mich nicht so benehmen, wie ich mich gerne benehmen wollte. Die Familie liebt mich. Aber ich fühlte keine Liebe, da war nichts bei mir. Leider. Ich hätte ja gerne den Drang, meine Eltern zu sehen, Zeit mit ihnen zu verbringen. Es gab keinen Streit oder so. Für mich war es immer nur eine Verpflichtung, eine Qual sogar. Ich übte selbst Druck auf mich aus und bemühte mich. Dabei war es vollkommen egal, was ich tat oder nicht tat. Es wurde bedingungslos geduldet oder es sah keiner.

Ich wollte Laura zum Geburtstag was schenken. Sie war noch ein Kind und verstand nicht, wieso ich nicht da war. Also kaufte ich ein Sparschwein und ließ es mit ihrem Namen bemalen. Ich verschickte das Paket per Post und am Geburtstag eine kurze Sprachnachricht. Da konnte ich mich kurz zusammenreißen. Ich spürte ein bisschen Spaß bei der Organisation des Geschenks. Okay, das war vielleicht übertrieben. Seit Monaten fühlte ich keinen Spaß. Es dauerte eine Weile, bis ich so was wie Spaß wieder fühlte und aus tiefstem Herzen lachen konnte. Das war in Ordnung so. Das war jetzt so. Ich sagte es mir immer und immer wieder:

Ich akzeptiere den Zustand, ich nehme die Situation an. Ich weiß, es wird besser. Ich weiß, es kommen gute Zeiten. Ich schaffe das.

Vermutlich fragen sich nun viele, woher ich den „Optimismus", vorsichtig formuliert, hatte. Ganz ehrlich?

Nur ich bestimme am Ende, wie ich mein Leben führe. Ob gut oder schlecht, ich bestimme das. Wer sonst? Ich entscheide, wie gut oder schlecht ich diese Depression überstehe. Wie ich damit umgehe. Ich habe es in der Hand! Und das war eine großartige Erkenntnis für mich, denn sie half mir da raus. Sie half mir, zuversichtlich zu sein. Auf Knopfdruck funktionierte das nicht, dahinter steckte ein Prozess, der bis heute noch andauert. Den ich aushalten musste. Dazu gehörte eine Therapie als Basis, als Grundvoraussetzung für jeden weiteren Weg. Genau dieser Prozess führte zu besseren Zeiten. Ich verlange Freude, keine Angst. Natürlich hatte ich auch Angst und zweifelte oft genug: Muss das sein? Muss ich wieder weinen? Spüre ich jemals wieder Freude oder Glück? Bin ich jetzt für immer so? Sollte ich ganz alleine leben? Will ich noch weiter leben? Aber eines wurde mir bewusst: Ich musste mich meinen Ängsten stellen, um sie zu überwinden.

Und ich entscheide das selbst. Ob bewusst oder unbewusst, die Entscheidung treffe ich. Sie nicht zu überwinden, wäre schmerzhaft. Ich würde sie umgehen, vermeiden. Aber Ängste kommen immer wieder. So lange, bis sie so groß werden, dass ich gar nicht mehr nicht hinschauen kann. Ich befand mich auf dem richtigen Weg. Egal, welche Richtung dieser Weg einnahm. Egal, wie viele Abzweigungen ich zwischendrin nehmen musste.

Jetzt wird es langsam interessant.
Du stabilisierst dich so langsam und dadurch
bist du auch in der Lage, etwas klarer zu denken.
Wie steht es um dich und deine Gedanken? Was sind
deine Überzeugungen? Mit wem verstehst du dich
gut? Wer gibt dir Energie? Das sind Fragen, die dein
zukünftiges Ich lösen darf. Es ist ein Prozess,
der sich gerade in dir entwickelt.

Was meine Depression sagen will…

Eiskalte Zugspitze

Ostern steht an und Ludo besuchte mich. Es war das erste Mal, seit er mich im Januar in Augsburg gesehen hatte. Seitdem telefonierten wir regelmäßig, aber gesehen hatten wir uns nicht. Er übernachtete bei mir in der WG, aber nicht in meinem Zimmer. Ich war extrem nervös und hatte schon Angst, dass es mir wieder schlecht geht, dass mich der Besuch wieder zurückwirft. Aber ich wollte mich nicht verstecken. Mit Ludo konnte ich telefonieren, wieso sollte ein Besuch ein Problem werden, dachte ich mir. Wir werden sehen. Wir gingen direkt eine Runde spazieren und ich war relativ entspannt. Er sowieso. Abends gingen wir bei mir ums Eck etwas essen. Es war total schönes Wetter, über 20 Grad und dementsprechend konnte man abends draußen sitzen. Allerdings hatten wir nichts reserviert und das Restaurant war voll.

«Wir können uns ja auch zu den beiden dazusetzen», sagte ich plötzlich.

Was habe ich da von mir gegeben? Das kam ganz automatisch. Als gäbe es nichts gewöhnlicheres auf der Welt. Ich traf eine Entscheidung, ich war bereit, mich zu zwei anderen fremden Menschen an einen Tisch setzen. Ludo war derjenige, der skeptisch reagierte.

Das waren so die kleinen Blitzmomente, die mir erst im Nachhinein bewusst wurden. Verlernt habe ich nichts. Die Entscheidungen, die Meinung, die Kraft kam wieder. Zwar sehr, sehr langsam, aber sie war da. Und zeigte sich in solchen, unscheinbaren und total unwichtigen Situationen. Ich fühlte mich gut. Ich fühlte mich so gut, dass ich eine Entscheidung fällte. Das war ein Erfolgserlebnis. Darauf baute ich auf und war bereit, weitere, ganz kleine Erfolgserlebnisse zu sammeln. Aber um ehrlich zu sein: So richtig bewusst wurde mir das erst beim Schreiben. Das war mein Ventil, mein Zugang, der es mir ermöglicht, Situationen zu verarbeiten, aus einem anderen Blickwinkel zu betrachten oder einfach nur noch einmal zu erleben. Ich erinnerte mich also beim Schreiben an diese Situation. In der Situation selbst bemerkte ich das nicht. Da dachte ich, das sei selbstverständlich. Aber nein, während einer Depression ist nichts selbstverständlich. Da ist der Satz: „Wir können uns zu den beiden Fremden an den Tisch setzen" ein Meilenstein. Während der Depression war ich am liebsten alleine, wollte mich keinem zumuten, denn ich akzeptierte mich nicht und andere damit auch nicht. Ich konnte mich ganz selten gegen dieses Gefühl durchsetzen. So wie an diesem Abend. An diesem Abend war ich hungrig. An diesem Abend dachte ich an eine Pizza mit Ludo. Wir setzten uns also hin und bestellten. Nach einem kurzen Blick auf die Karte wusste ich, welche Pizza es sein sollte. Auch das fiel mir gar nicht auf. An diesem Abend setzte ich mich durch. Reiße ich mich wegen Ludo zusammen? Oder wieso ist das auf einmal da? Ist es wichtig, wieso es auf einmal da ist? All diese Fragen schossen mir durch den Kopf. Wir verbrachten einen schönen Abend zusammen und redeten über meine Bewerbungen und Jobs.

«Ich höre jetzt auf, mich aktiv zu bewerben. Ich akzeptiere langsam, dass ich erst mal gar nicht arbeiten kann und konzentriere mich auf meine Gesundheit.»

Ich ließ diese Jobsuche los. Den Druck, unbedingt wieder zu arbeiten, Geld zu verdienen. Zum Glück war es mir möglich, mich in so einer krassen Phase auf meine Gesundheit konzentrieren zu können. Natürlich auch, weil ich davor viel Geld verdient habe. Da reichten die 70 % Krankengeld aus und viel unterwegs war ich in letzter Zeit auch nicht. Ich konnte mir nicht viel leisten, aber das war okay.

Am nächsten Tag fuhren wir an den Eibsee und zur Zugspitze. Da wollte ich schon seit Jahren hin. Ich packte uns morgens noch ein paar Snacks ein. Bevor Ludo aus Augsburg kam, habe ich Bananenkuchen und Erdnussbutter-Kekse gebacken. Mal wieder. Davon war noch eine ganze Menge übrig. Der Eibsee ist gut eine Stunde von München entfernt, doch es war Karfreitag, also kamen relativ viele Menschen auf diese Idee. Wir konnten nicht einmal bis zu dem Parkplatz fahren, weil der Weg dorthin gesperrt war. Wir stellten das Auto ungefähr drei Kilometer davon entfernt ab und spazierten zum See. Als wir den See erreichten, sahen wir einen total überfüllten Parkplatz, viele Menschen. Ich war sehr angespannt, denn so viele Menschen war ich nicht mehr gewohnt. So vielen Menschen wollte ich nicht begegnen. Was ist, wenn sie mich anschauen? Wenn sie mich bemerken? Ich will diese Menschen nicht sehen, sagte ich mir. Die Anspannung blieb innerlich. Äußerlich merkte man mir das nicht an, ich wurde aber ein bisschen ruhiger. Wir liefen erst einmal eine Runde zum See, der eigentlich atemberaubend war. Ludo staunte. Ich fühlte nichts.

«Was für eine geile blaue Farbe der See hat. Mach mal ein Foto von mir.»

Ich knipste ein paar Fotos von ihm.

«Willst du nicht auch?»

«Nee, lass mal.»

Ich wollte kein Foto von mir. Ich fand mich hässlich und akzeptierte mich nicht. Auf dem Foto kam ich bestimmt auch dick rüber. Andere wollten sicher auch keine Bilder von mir sehen. Ich war auch nicht wirklich begeistert von dem See. Ich ahnte, wieso. Ich fühlte keine Freude, keine Begeisterung, keine Sorglosigkeit. Ich merkte einfach nichts, war mehr oder weniger regungslos. Dann schlug Ludo vor, dass wir uns für den Lift zur Zugspitze anstellen. Man musste ungefähr zehn Minuten hochfahren, dann war man ganz oben, auf fast 3.000 Metern Höhe. Der Wahnsinn. Der Preis ist allerdings auch Wahnsinn.

«46 € pro Person, krass», sagte ich.

«Ich lade dich ein. Wenn wir schon einmal hier sind, müssen wir das auch machen. Ist ein Erlebnis.»

Mir war das unangenehm, aber ich konnte es auch nicht bezahlen. Ludo besorgte zwei Tickets.

«Meinst du, du schaffst es in den Lift und hältst es mit den vielen Menschen aus?"

Ich musste kurz überlegen. Ich wurde richtig nervös, aber das wollte ich nicht zugeben. Ich wollte Ludo nicht enttäuschen. Und ich dachte an das viele Geld.

«Ja, ich versuche es.»

Da wartete die nächste Herausforderung auf mich. Ein Lift voll mit Menschen, zehn Minuten lang aneinander gequetscht. Mehr Gift für meine Depression gab es wohl gerade nicht. Mehr Angst könnte ich nicht haben. Und genau das war der Punkt. Das sind die Situationen, denen ich nicht aus dem Weg gehen sollte, wenn ich mich heilen will. Wenn ich diesen Zustand beenden will. Was passiert schon? Ich könnte weinen, okay. Und dann? Alle waren fremd, niemand kannte mich. Ich stellte mich rein, total angespannt, sagte kaum etwas. Dann fuhren wir hoch. Während der Fahrt bewunderte jeder schon die krasse Aussicht, hier lag viel Schnee. Wir kamen an. Alle stürmten raus. Okay, ich war da. Ohne zu weinen. Ich war zwar total angespannt und verschwitzt, aber egal.

«Alles gut?», fragte Ludo.

«Ja, lass uns raus die Aussicht genießen.»

Puh, die Zugspitze. Zwischen Deutschland und Österreich.

«Komm, hier musst du aber ein Foto machen.»

Ich nickte und Ludo knipste ein paar Fotos. Es war wunderschön da oben, die Aussicht war einmalig. Aber mir war das egal. Ich fühlte nichts, keine Freude, keinen Wow-Effekt. Vielleicht kommt das später. Vielleicht muss ich meinem Gehirn diese Bilder geben. Bilder von atemberaubenden Dingen, damit es sich erholt. Damit es die Freude wieder findet. Oder zumindest ein Stück davon. Alle diese Gedanken schossen in diesem Moment in meinen Kopf.

Der Prozess lief immer weiter. Ins Zimmer einsperren war keine Option. Da passierte nichts, außer dass ich mich selbst bemitleidete und in meinem eigenen Leid verreckte. Ich dachte, es war eine gute Entscheidung, hochzufahren. Auch wenn ich nichts fühlte, aber mein Gehirn merkt sich das. Die Bilder wurden gespeichert. Wir aßen noch Pommes, setzten uns kurz raus. Dann wurde es allmählich kalt. Unten 24 Grad, hier oben sechs. Ludo und ich hatten nur eine kurze Hose an.

Nun stand ich vor der nächsten Herausforderung. Die Fahrt nach unten. Im Vorraum versammelte sich eine riesige Menschenmenge, alle wollten gleichzeitig herunterfahren. Ich war wieder sehr angespannt, äußerlich ruhig. Ich hatte keine andere Wahl. Oben bleiben wäre doof. Im Aufzug war es so extrem voll. Ich verabschiedete mich in meinen Tunnel, sagte kein Wort. Dann fuhr der Lift nach unten. Ich flüchtete schnell aus dem Aufzug nach draußen. Das war anstrengend! Wir liefen langsam wieder zurück zum Auto und fuhren wieder zurück nach München. Ich war super platt. Das war der anstrengendste Tag dieses Jahres für mich. Ich überlebte. Ohne Schaden. Ohne durchzudrehen. Das war ein Erfolg. Ein großer Erfolg.

Am nächsten Tag schauten wir uns gemeinsam eine Wohnung für mich an. Ich musste ja noch immer eine eigene Bleibe suchen und war bisher nicht fündig. Nun hatte ich Ludo wenigstens dabei und ich fühlte mich durch eine zweite Meinung etwas sicherer. 50 m² mit Balkon für 700 € warm. Viel zu schön, um wahr zu sein, dachte ich mir sofort. Die Gegend war eher mittelmäßig im Vergleich zu der Altbau-Wohnung direkt an der Isar. Aber das war preislich eine krasse Ausnahme und ich musste nun ohnehin viel mehr bezahlen, um alleine zu leben. Immerhin hatte ich noch ein paar Monate Zeit. Wir fuhren mit Ludos Auto hin, die Fahrt dauerte ungefähr zehn Minuten. Als ich aus dem Auto ausstieg, bekam ich direkt so ein mulmiges Gefühl.

Die Wohnung befand sich im vierten Stock. Die aktuellen Mieter öffneten die Tür. Die Bude bestand aus zwei großen Zimmern, einem kleinen Bad und einer ganz kleinen Küche. Der Boden schien über 30 Jahre alt zu sein, die Wohnung war sehr dunkel. Wir schauten uns alles in Ruhe an. Der Kühlschrank stand im Wohnzimmer, da in die Küche nur eine kleine Zeile passte, das waren vielleicht zwei Quadratmeter. Die wurde vom Mieter angefertigt und ich hätte sie übernehmen müssen, für 500 €. Ich war skeptisch, auch Ludo sagte nichts. Das lag vielleicht auch daran, dass der Mieter uns gar nicht zu Wort kommen ließ, indem er die ganz Zeit erklärte, wie toll die Wohnung sei – bis auf die kleine Küche. Die Eckdaten waren gerade für München ein Traum, aber die Wohnung und die Umgebung stimmten mich negativ.

«Vielen Dank für die Zeit, ich überlege es mir», sagte ich zum Schluss.

Ich war froh, als wir wieder ins Auto stiegen. Dann spazierten wir eine Runde durch den Westpark. Ludo war immer noch ruhig, äußerte sich nicht zur Wohnung. Ludo hat normalerweise zu allem eine Meinung, oft ist sie kritisch, eher negativ. Gerade während meiner Depression spürte ich aber, dass er zumindest bei mir seine Meinung komplett für sich behielt, was für mich sehr hilfreich war.

«Ich glaube, die Wohnung war nichts für mich. Ich will noch weitersuchen. Die Küche war mir etwas zu klein und zu wenig Licht», sagte ich dann.

Ich hatte das schon so im Bauchgefühl, als ich aus dem Auto gestiegen bin.

«Bin ich froh, dass du das sagst», meinte Ludo.

«Wieso?»

«Du hast das jetzt ganz rational betrachtet, bist nicht unsicher und hast eine klare Meinung. Ist dir das nicht aufgefallen?»

Tatsächlich ist mir das nicht aufgefallen. Aber ja, ich stand nicht da und war überfordert mit einer Entscheidung, einer Situation. Ich stand nicht weinend da und wusste nicht, was zu tun ist. Nicht mehr! Ich nannte klar die Gründe und traf keine Entscheidung aus Verzweiflung oder Überforderung.

Am nächsten Tag gingen wir ausgiebig frühstücken, ehe Ludo wieder zurück nach Augsburg fuhr. Bei einem Avocadosmash-Brot ließen wir das Wochenende Revue passieren, redeten über dies und das. Es waren schöne Tage für mich, ich war wenig überfordert, außer im Lift der Zugspitz-Bahn. Aber ich glaube, da wäre ich auch im gesunden Zustand angespannt gewesen. Dann packte Ludo seine Tasche und wir liefen ans Auto. Irgendwie wurde ich beim Abschied rückfällig, denn ich heulte sofort los. Das konnte ich nicht verhindern oder unterdrücken. Die Tränen flossen.

«Ich gehe lieber schnell in die Wohnung, sonst wird es schlimm.»

Wir umarmten uns, dann fuhr er los. In meinem Zimmer weinte ich weiter. Ich fühlte mich wieder alleine, keiner da. Löste sich da gerade die Anspannung oder war ich in dem Moment einfach nur traurig? Ich denke beides. Ich freute mich über den Besuch. Aber danach war ich ziemlich mies gelaunt.

Wenn ich jetzt nichts unternehme, werde ich den ganzen Tag weinen, sagte ich mir. Ich rief Fer an und ging mit ihm im Englischen Garten spazieren. Das lenkte mich ab und es war besser, als alleine im Bett zu liegen und zu weinen. Wir holten uns ein Eis und wir redeten viel Blödsinn, schauten uns die hübschen Menschen an, die alle in der Sonne lagen und spielten – es war genau das, was ich nach dem emotionalen Abschied brauchte. Ich konnte mir nun über alles andere Gedanken machen und das werde ich mit Sicherheit nicht vergessen. Alles andere war mir heute egal. Während des Spaziergangs planten wir für die nächsten Tage eine Wanderung.

> Es wird ein Stückchen enger für mich.
> Dein Menschenverstand kehrt ab und zu zurück,
> gleichzeitig bist du aber auch wahnsinnig,
> dich in deiner Verfassung in einen vollen Lift zu
> stellen. Du liebst anscheinend das Risiko oder
> bist einfach total naiv. Egal: Du wächst mit jeder
> Situation. Und ich bin froh, nicht in diese
> Wohnung ziehen zu müssen.

Was meine Depression sagen will...

Bloß nicht nach unten schauen

Am nächsten Tag machten wir uns gleich auf den Weg zum Jochberg. Erst mal sammelte ich morgens Fer ein und wir fuhren mit dem Auto fast eine Stunde Richtung Süden. Es war Montag, also sollten nicht so viele Wanderer unterwegs sein. Ich hatte Angst, dass da zu viele Menschen waren. Dann werde ich nervös, fühle mich unter Druck gesetzt und rutsche irgendwo ab oder knicke um – dies redete ich mir sofort als Horrorszenario ein. Hinter mir warten fünf Wanderer ungeduldig und einer ruft, ich solle doch schneller laufen. Den Druck halte ich nicht aus. Das fand alles in meinem Kopf statt, dabei waren wir nicht einmal unterwegs. Na ja, wird schon schiefgehen.

Wir stellten das Auto an einem Parkplatz ab. Ich hatte noch selbstgebackene Energy-Balls dabei. Fer liebte sie. Ständig fragte er, wann ich ihm welche mitbringe. Er nervte mich schon fast damit. Ich war mir auch ziemlich sicher, dass Fer nie irgendwas zu Essen mitnimmt, wenn wir wandern gingen. Wir wanderten also langsam hoch und merkten schnell, dass „mittelschwer" wohl nicht auf die Einschätzung der App zutraf. Nach dem halben Weg waren wir total platt. Zu dem steilen Weg kam hinzu, dass es rutschig und an einigen Stellen nass war. Natürlich hatten wir beide keine Wanderschuhe an, sondern Sportschuhe. Wir gehörten zu der Gruppe der „Möchtegern-Bergsteiger". Der Berg war um einiges höher als gedacht. Ich hatte etwas von 600 Metern gelesen, aber das war wohl nur die Steigung. Insgesamt ist der Jochberg 1.565 Meter hoch. Puh! Es wurde immer anstrengender, langsam wurde ich nervös. Zum Glück waren nicht viele Wanderer unterwegs - mein Horrorszenario bestätigte sich also noch nicht. Trotzdem bemerkte ich die Belastung in meinem Kopf. Ich lief langsamer. Es war ein guter Test meiner mentalen Stärke. Bei meiner Depression geriet diese ja auch in Mitleidenschaft, wenn man das so ausdrücken kann. Ich hatte einen Moment nicht darüber nachgedacht und spürte, wie ich mich immer unwohler fühlte und langsamer ging.

«Alles gut?», fragte Fer immer zwischendurch.

«Ja, schon. Ich muss nur etwas langsamer gehen.»

«Wir haben Zeit. Ist ja nicht so, dass in München ein Job auf uns wartet.»

Wir mussten beide loslachen. Fer war ebenfalls arbeitslos, deshalb hatte er so viel Zeit. Sein Witz nahm mir etwas die Anspannung und mir gelang es immer besser, mit der Situation umzugehen. Aber an den 1.565 Meter änderte das nichts. Ich war mit meinen Gedanken schon auf dem Rückweg. Der Weg zurück, von ganz oben nach unten, der war schrecklich für mich. Ich gehöre ja eher in die Kategorie „Angsthase", bin sehr vorsichtig und riskiere nicht so viel. Das änderte sich, denn meine Ängste waren oftmals unbegründet, die fanden nur in meinem Kopf statt und nicht in der Realität. Das Wandern entdeckte ich erst in München so richtig. Ich finde es super, in der freien Natur zu sein, die Aussicht zu genießen und gleichzeitig sich zu bewegen und die Beine zu trainieren. Zwischendurch machten wir immer wieder eine Pause und genossen die Aussicht und die Ruhe. Nach über zwei Stunden kamen wir endlich oben an. Ich war so erleichtert und freute mich, war gut gelaunt. Wir verbrachten eine Stunde auf dem Berg mit einem sagenhaften Panorama-Blick.

«Komm, ich mach ein Foto von dir», schlug Fer vor.

Ich stellte mich zum Gipfelkreuz und er knipste ein paar Mal. Langsam bekam ich wieder Angst, denn gerade der letzte Abschnitt nach oben war super steil und wir sind auch ein bisschen geklettert. Jetzt den gleichen Weg herunter? Ich versuchte, mich mental darauf vorzubereiten und wir liefen langsam los. Direkt oben kamen mir die Tränen, die Belastung war zu groß. Ich ging in Mini-Schritten, fast in Zeitlupe. Ich konnte gar nicht nach unten ins Tal schauen, nur auf meine Füße. Ich fokussierte mich darauf, nicht auszurutschen. Das erste Stück war ziemlich fies, denn der Weg war sehr schmal. Das war eine Herausforderung, die ich nicht geplant hatte. Ich dachte nicht, dass mich das überfordert. Meine Angst vergrößerte sich. Weiter geht es, ganz langsam. Fer war geduldig und sagte nichts.

Puh! Das erste Stück war geschafft, mit ein paar Tränen und Angstschweiß. Nach dem Teilerfolg beruhigte ich mich ein bisschen und die Füße wurden leichter. Mit jedem Schritt nach unten löste sich der Druck ein wenig. Ich bemerkte, dass ich geduldig und langsam sein muss. Das erinnerte mich direkt an meine Genesung. Erzwingen kann ich nichts, alles ist ein Prozess, der Zeit braucht. Ich war sehr oft viel zu schnell unterwegs und hastig und lernte in dem Moment, alles langsamer anzugehen, um besser damit klarzukommen. Es fühlte sich gar nicht so übel an, nicht auf der Überholspur zu sein. Auf der Überholspur kann es irgendwann einen Crash geben. Da werde ich gezwungen, erst mal wieder aufzustehen. Und langsamer machen.

Geschafft! Wir waren endlich wieder am Auto, total erledigt. Jetzt hatten wir beide richtig Lust auf Kaiserschmarrn. Für Fer war es vermutlich der eigentliche Grund, wieso er überhaupt mitging. Aber den verdienten wir uns. Und er war gleich doppelt so lecker. Danach fuhren wir wieder nach München. Ich war total erschöpft. Das war ein gutes Training für mich. Von diesem Training musste ich mich erholen.

Du bist gerade wie ein Kind, das vieles ausprobiert und sich gar nicht darüber bewusst ist, welche Herausforderungen es nimmt. Manchmal vergisst du mich sogar, oder?

Was meine Depression sagen will...

Hilft Schokolade eigentlich?

Am nächsten Morgen wachte ich wie immer gegen acht Uhr auf, meditierte und frühstückte. Nach einem kurzen Spaziergang fuhr ich zum Supermarkt. Als ich am Auto ankam, bemerkte ich, dass irgendetwas nicht stimmt. Ich war noch nicht so ganz wach und schaute mir das Auto an und dann sah ich es: Der Spiegel der Fahrerseite war nicht mehr da. Ich stand einige Minuten total perplex da, wusste gar nicht wohin. Ich schaute mich um, ob der Spiegel irgendwo auf dem Boden lag, aber nein. Nur die Kabel hingen noch heraus; die komplette Verkleidung war verschwunden. Kein Zettel, nichts zu sehen. Dann begriff ich es: Jemand hat mir den Spiegel abgefahren und ist dann geflüchtet. Ich bekam weiche Knie, die Tränen schossen hoch.

Was mache ich jetzt? Bin ich so wertlos, dass man mir das antun kann? Wie soll ich jetzt Auto fahren?

Die Situation überforderte mich total – mein Tag könnte nicht schlimmer starten, dachte ich. Sofort rutschte ich in die negative Gedankenschleife. Ich rief Leonardo an. Er als Mechaniker wusste, was ich jetzt tun muss.

«Am besten fährst du in eine Privat-Werkstatt. Ansonsten wird es zu teuer, da dein Spiegel auch beheizbar ist."

«Was kostet das denn?»

«So 500-600 €.»

Mir wurde direkt schlecht. So viel Geld für einen Spiegel, den ich selbst nicht abgefahren habe. Ich trug keine Schuld, außer dass mein Auto fälschlicherweise „im Weg" stand.

«Geht es dir gut? Brauchst du Hilfe?», fragte Leo.

«Ich schaffe das schon», antwortete ich und legte auf.

Ich suchte irgendeine Werkstatt und fuhr hin.

«Ja, das Auto müssten Sie hier stehen lassen. Wir melden uns, wenn es fertig ist. Wird ein oder zwei Tage dauern.»

Da stand ich nun. Irgendwo in Sendling vor einer Werkstatt, bald um mindestens 500 € ärmer, ohne Schuld. Das war ein schreckliches Gefühl, was da in mir hochkam. Ich war überfordert und meine Laune im Keller. Ich machte einen langen Spaziergang und lief nach Hause. Auf dem Heimweg kam ich an einem Supermarkt vorbei und entschloss mich, noch etwas einzukaufen. Ich hatte starkes Verlangen nach Schokolade. Irgendwie musste ich mich beruhigen und das wollte ich mit Schokolade erreichen, – das sagte mir zumindest mein Kopf.

Ich warf alles in den Einkaufswagen. Eine große Packung KitKat, Twix, Duplo, M&M's. Ich griff einfach danach und ging direkt an die Kasse. Mir fiel zwar auf, dass ich wirklich nur Schokolade einkaufte und nicht wirklich das, was ich eigentlich kaufen wollte, aber in dem Moment war das egal. Ich bezahlte und bunkerte mich mit der Schokolade im Zimmer ein. Mir ging es schlecht und ich wollte niemanden sehen. Ich dachte an den abgefahrenen Spiegel und was das für eine Nachricht an mich sei. Dabei riss ich die Schokolade auf und schaufelte sie regelrecht in mich hinein. Nach rund sechs Duplo-Riegel, der Packung KitKat und der Packung M&M's beruhigte ich mich langsam und merkte, wie die Schokolade ihren Auftrag erfüllt. Dann meldete sich mein Bauch. War ja klar. Ich weiß gar nicht, wann ich zuletzt so viel ungesundes und süßes Zeug auf einmal gefuttert habe. In der Situation brauchte ich das aber. Und ich lernte, mir bedingungslos das zu geben, was ich brauche. Ich hinterfragte nichts. Keine Widerrede. Der Tag war gelaufen. Ich hörte Podcasts, schaute Serien und ignorierte jede Nachricht auf dem Handy. An diesem Tag war ich nicht mehr da. Es war ein schlechter Tag. Morgen wird es hoffentlich wieder etwas besser, sagte ich mir.

Am nächsten Morgen stand ich wie immer um sieben Uhr auf und ging sofort an die Isar. Es war relativ früh: acht Uhr. Die Sonne schien, es wehte ein frischer Wind und ich setzte mich an meine Lieblingsstelle.

Hier strahlte die Sonne direkt auf mein Gesicht und ich blickte auf den Fluss. Ich setzte mich auf einen großen Baumstamm, der wohl vor langer Zeit schon umgefallen ist oder gefällt wurde. Ich genoss die Stille und das warme Sonnenlicht.

Die letzten Tage waren aufregend und kosteten viel Kraft. Ich stieß mehrmals an meine Grenzen. Ich kannte meine Grenzen nicht, dafür war es notwendig, die Depression besser zu verstehen und kennenzulernen. Meine Stimmung hüpfte von „normal" auf „Weltuntergang" und wieder zurück, - und das mehrmals am Tag. Es herrschte ziemliches Durcheinander da oben in meinem Kopf, das nervte mich. Das bedeute ja was Gutes, sagte mein Therapeut. Da bewegt sich was, es ist nicht mehr jeden Tag dunkel, traurig und hoffnungslos. Mein Gefühlshaushalt begann, sich zu normalisieren, zu regulieren. Ja ja, super Sache. Wieso dauerte das so lange? Ich machte doch so viel. Jeden Tag meditieren, Therapie, Yoga, Sport, Schwimmen, Joggen. War mein Anspruch wieder zu hoch? War das ein Problem? War ich zu hart? Eigentlich kannte ich die Antwort schon. Ich dachte wieder an Antidepressiva. Dann ginge alles viel schneller. Mir würde es viel schneller besser gehen und die Psychiaterin würde mir helfen, das wäre überhaupt kein Thema. Aber warum hatte ich es so eilig? Was hatte ich vor?

Ich kann doch jetzt nicht mein Leben lang Tabletten nehmen, damit es mir gut geht, sagte ich mir. Diese

Gedanken schossen jeden Tag durch meinen Kopf. Mal war ich total abgeneigt, mal dachte ich: Warum nicht? So viele tun es. Und ich spürte es ja, als ich zwei Tage Tropfen einnahm. Meine Stimmung war direkt besser. Aber es fühlte sich so künstlich an. Unecht. Und schnell würde ich eine Abhängigkeit entwickeln.

Das kann es doch nicht sein! Dafür ist mein Leben nicht gemacht. Ich musste weiter geduldig sein, jeden Tag mein Programm durchziehen. Bis es immer besser wird. Bis ich irgendwann öfter gut gelaunt als schlecht gelaunt war. Bis dahin brauchte ich so viel Geduld. Und vermutlich noch mehr Schokolade. Und einen flexiblen Magen, der das aushält.

Als ich zurückkam, rief die Werkstatt an.

«Wir haben den Spiegel bestellt. In ein paar Tagen können Sie das Auto abholen. Es kostet um die 500 €.»

Wow. Diese 500 € fühlten sich an wie eine Faust ins Gesicht. Es fühlte sich so an, als hätte ich 500 € mal eben verloren oder verzockt. Nein, beim Zocken wäre wenigstens noch ein gewisser Nervenkitzel dabei gewesen. Das war so bitter und unfair. Dieses Auto will ich nicht länger behalten, wenn es so viel Geld kostet, dachte ich. Gerade brauchte ich das Auto sowieso kaum, purer Luxus. Als ich noch bei Sport5 arbeitete, da war es sinnvoll. Ich musste nach Ismaning fahren, gut 14 Kilometer von meiner WG entfernt und eher außerhalb. Aber jetzt? Ich hatte keinen Job und benutzte es nur noch fürs Fitnessstudio und zum Einkaufen. Dafür brauchte ich kein Auto. Die 500 € musste ich dennoch begleichen, egal was ich damit anstelle. Fuck it.

Ich weiß, das war verdammt viel Schokolade. Aber ist dir klar, dass du intuitiv gehandelt hast und dir das gegeben hast, was du gerade brauchtest?

Was meine Depression sagen will...

Die Aussprache

Die Stimmung in der WG war am Tiefpunkt. Seit Nicky uns mitteilte, dass es die WG spätestens im September nicht mehr geben wird, wurde nur noch aufs Nötigste kommuniziert, wenn überhaupt. Dazu meine Depression. Mit einer Depression in einer WG zu leben war wirklich die Hölle. Ich wollte einfach nur alleine sein und in der Wohnung hüpften ständig Mitbewohner herum. Ständig schlich ich durch die Wohnung. Oder ich wartete, bis wirklich alle weg waren. Vor allem am Anfang musste ich mich so zusammenreißen, nicht zu weinen, wenn ich Jan oder Nicky begegnete. Jeder Versuch, mit mir zu reden, endete im Nichts. Nicky probierte es so oft: „Hey Mattia, wie geht es?" Das kam da mindestens dreimal pro Woche. Mehr als „gut" sagte ich nicht und flüchtete wieder in mein Zimmer. Ich wollte nicht reden. Vor allem mit Nicky nicht, denn die Enttäuschung war riesengroß. Nach dieser schrecklichen Phase näherte ich mich zumindest Jan ein wenig an. Ich hatte den Eindruck, dass er Verständnis hat und ahnte, was mit mir los war. Ich spürte das auf jeden Fall und das beruhigte mich. Er ließ mich in Ruhe.

„Sag Bescheid, wenn du was brauchst", kam hin und wieder.

Er zeigte mir, dass er da war.

Langsam fing ich wieder an, mich sozialen Kontakten mehr zu nähern. Ich hatte auch das Bedürfnis, mit Nicky zu reden. Ich wollte ihr sagen, was ich von dem Gespräch im Februar hielt und was das mit mir gemacht hat. Das ging mir nicht aus dem Kopf. Mir ging nicht aus dem Kopf, wie sie so kalt sein konnte. Dass sie nicht merkte, wie schlecht es mir ging. Das war und ist immer noch ein Schock für mich. Wir lebten fünf Jahre zusammen. Wir hatten zwar immer mal wieder kleinere Meinungsverschiedenheiten, aber insgesamt verstanden wir uns gut. Es gab mal eine Zeit, da gingen wir morgens um sechs zusammen joggen. Das war eine coole Zeit, wir pushten uns gegenseitig. In diesem Jahr war es aber anders. Die Luft war raus. Ich wollte sowieso ausziehen, sie hatte einen Freund und auch keine Lust mehr auf eine WG. Jan ging ins Ausland und der Zwischenmieter blieb nur bis August. Vor dem Zwischenmieter hatte ich auch Angst. Ich wusste nichts über ihn, weil ich die anderen darum gebeten habe, sich darum zu kümmern kann.

Wenn ich an die letzten Wochen zurückdenke, kann ich mir nicht vorstellen, wie ich das meisterte. Irgendwie baute ich mir meinen persönlichen Tunnel und lief immer hindurch, ohne einem anderen zu begegnen. Das kostete viel Kraft, aber immer noch weniger als mich einem Gespräch zu stellen. Da hätte ich vermutlich direkt geweint, weil mich die Situation überfordert. Ein Mensch redet mit mir, was will er? Will er mir sagen, was ich alles falsch mache? Will er mir sagen, dass ich hässlich und wertlos bin?

Wie sähe das Ganze mit einer Depression alleine in einer Wohnung aus? Ich hätte mich komplett eingesperrt und wäre keinem einzigen Menschen begegnet. Durch die WG war ich immer wieder dieser Situation ausgesetzt und musste damit klarkommen. Auch wenn das sehr schmerzhaft war, - es half mir in dieser Phase.

Nach wenigen Monaten hatte ich die schlimmste Phase überstanden und lernte gerade wieder, mental zu laufen.

Meine Beine waren dabei, zu heilen, ganz langsam. Ab und an fühlte ich mich sogar ganz „gut", wenn man das so sagen kann. So gut, dass ich mir einen Konflikt zutraute. Ich wollte alle Dinge, die mir nicht aus dem Kopf gingen, ansprechen. Nur so lösten sich die Gedanken auf. Verdrängen probiere ich auch oft, aber das klappte nicht. Daran scheiterte ich regelmäßig und ich spürte, dass die Gedanken dann immer mehr Raum einnahmen.

Also da war sie, meine erste große Prüfung. Ich erklärte Nicky, wieso ich mit ihr in den letzten Monaten nicht redete und wie es mir geht. Ich bereitete mich den ganzen Tag darauf vor und war total nervös. Als Nicky die Tür reinkam, wurde die Anspannung groß.

«Hallo», rief sie wie jeden Tag durch den Flur.

«Hi, können wir mal kurz reden», fragte ich.

Okay, die Anfrage funktionierte. Ganz freundlich war ich.

«Ja klar, ich komme sofort.»

Ich wartete in der Küche auf sie. Nach zwei Minuten kam sie dazu und ich legte los.

«Ich will dir erklären, wieso ich in letzter Zeit kaum mit dir geredet habe. Als wir eigentlich über den neuen Zwischenmieter sprechen wollten, hast du gleich davon geredet, die WG aufzulösen. Du müsstest eigentlich gemerkt haben, dass es mir ziemlich schlecht ging und ich gar nicht in der Lage war, etwas zu sagen. Du hast verkündet, dass du im September mit deinem Freund zusammenziehen willst. Ich fand es unmöglich, dass du mir das in dem Zustand gesagt hast. Ich war sehr überrascht, dass du so wenig Empathie besitzt und nicht merkst, dass der Zeitpunkt wirklich ungünstig war. Ich weiß seitdem gar nicht mehr, wie ich mit dir umgehen soll. Ich habe Angst, dass wieder so etwas kommt und habe deswegen Abstand gehalten. Ich bin auch total unsicher, wie ich mit dir reden soll und habe auch keine Lust mehr dazu, da ich das einfach sehr traurig fand. Mir geht es ziemlich schlecht und ich war lange Zeit gar nicht in der Lage, zu reden. Jetzt geht es ganz langsam wieder.»

Endlich. Ich sagte ihr, wie ich mich fühlte. Ich war total angespannt und klammerte mich an der Arbeitsplatte fest. Mein Herz pochte. Sie schaute total verdutzt und einsichtig. Einen Moment war es still, dann sagte sie auch was.

«Das tut mir wahnsinnig leid. Ich habe einfach nicht daran gedacht und wollte es euch so früh wie möglich sagen. Ich hätte merken sollen, dass es dir nicht gut geht. Ich komme ja aus einer Therapeuten-Familie.»

Wow. Da waren wieder die zwei Seiten, die sie so an den Tag legte. Zum einen der verständliche Mensch, zum anderen dann so ein Kommentar. Sie hätte es merken müssen? Weil ihre Eltern Therapeuten sind? Macht sie das auch zu einer Therapeutin? Oder wie?

«Also es tut mir wirklich leid. Du kannst dir mit der Wohnungssuche auch Zeit lassen, das kriegen wir schon hin, kein Stress. Kann ich denn irgendwas tun?»

Sie fühlte sich wirklich schlecht und das zeigte sie auch. Sie hat sich entschuldigt und damit ist es für mich auch schon gegessen.

«Danke, dass du dich entschuldigst. Wir versuchen jetzt, das Beste draus zu machen bis zum Auszug. Ich will keinen Streit, aber ich will eher auf Distanz gehen. Ich hoffe, du verstehst das.»

«Ja klar. Gib Bescheid, wenn irgendwas ist.»

Danach ging jeder wieder seinen Weg. Sie wusste jetzt, was los war. Und ich konnte mich mitteilen. Ich konnte sagen, was ich denke und habe es nicht länger in mich hineingefressen. Mir ging es gerade zwar schlecht und das war super anstrengend, aber das war ein Erfolg. Egal, was mir gelang. Ob ich es schaffte, früh aufzustehen, Sport zu machen oder eine Goldmedaille zu gewinnen. Es war ein Erfolg.

Von diesem Erfolg erzählte ich auch gleich ganz stolz in der Therapie in der Hoffnung, ich werde dafür gelobt. Manchmal verhielt ich mich wie so ein Schüler, der seinen Lehrer beeindrucken will. Mein Lehrer ist in dem Fall mein Therapeut. Aber gelobt wurde ich von ihm eigentlich nie. Stattdessen stellte er Fragen, um die Situation noch einmal aus einem anderen Blickwinkel zu betrachten. Dadurch brachte er mich auf Dinge, auf die ich ohne ihn nicht kommen würde. Ich wusste auch gar nicht, wieso ich ihm imponieren wollte. Ich wollte gemocht werden, gelobt werden. Ich wollte gesehen werden. Er wiederum sah, was mit mir los war. Er sah, was ich in meiner tiefsten Phase brauchte: Wertschätzung.

Jedenfalls erzählte ich von dem Vorfall ganz stolz und erwartete dann, dass er mir sagt:

„Das haben Sie aber super gemacht. Sie machen super Fortschritte. Richtig gut. Sie sind reifer als viele meiner Klientinnen und Klienten."

Irgendwie so was. Damit ich auch sicher sein konnte, dass das Gespräch mit Nicky gut war. Ich brauchte dafür die Meinung eines anderen, um das zu glauben. Aber na ja, das Lob bekam ich nicht. Ich war enttäuscht, aber ich bemerkte auch, wie unnötig meine Forderung war. Mein Therapeut war so neutral wie es nur geht, ich hörte niemals eine Meinung oder einen Ratschlag von ihm. Und gerade das war der Schlüssel, glaubte ich. Dadurch erhielt ich das Gefühl, akzeptiert zu werden und mich so zu verhalten, wie ich wirklich bin. Er machte alles richtig, aber na ja – ich war trotzdem enttäuscht. Irgendwie war es offensichtlich, dass ich die Situation gut löste – zumindest für meinen Zustand.

Von nun an stand kein riesengroßer Elefant mehr im Raum, wenn Nicky und ich uns begegneten. Sie kannte meine Meinung und sie akzeptierte sie, wir diskutierten nicht und wollten beide, dass die WG-Zeit friedlich endete. Für mich war das eine Erleichterung und für sie bestimmt auch. All die Konflikte, die sich über die Jahre entwickelten, waren auch eine Belastung. Noch ein paar Monate durchhalten, dachte ich mir. Dann trennten sich unsere Wege.

«Sind Sie zufrieden mit der Situation?», fragte mich mein Therapeut.

«Ich wäre gerne ausfallend geworden, aber das passt schon.»

«Was hätte Ihnen das gebracht?»

Ich schwieg eine Weile.

«Gar nichts.» Damit endete das Thema.

Du hast dich mitgeteilt. Du hast gesagt,
wie du dich fühlst. Du hast ein klärendes Gespräch
geführt. In deiner aktuellen Situation.
Ich bin ein bisschen stolz auf dich.

Was meine Depression sagen will...

Gruppentherapie, Teil 2

Ich überlegte, ob ich wieder eine Gruppentherapie besuchen sollte. Angeblich soll mir das ja super viel bringen, aber na ja. Ich war nicht so davon überzeugt, mir andere Schicksale anzuhören, wenn ich mit meinem eigenen gerade zu kämpfen hatte. Das bemerkte ich bei der ersten Gruppentherapie, da war ich regelrecht überfordert, wollte raus und weinen. Aber da war ich in einer ganz anderen Verfassung, total instabil. Ich könnte einen zweiten Versuch starten. Eigentlich sollte ich froh sein, dass ich die Gruppentherapie auch bei meinem Therapeuten beginnen konnte – das war Luxus. Normalerweise ist es nicht so einfach, einen Platz in einer Gruppentherapie zu bekommen. Hier hatte ich die Möglichkeit, frei zu entscheiden. Und so langsam baute ich Vertrauen zu ihm auf. Er half mir in nur einer Stunde so sehr, das war echt beeindruckend.

«Welche zweite Gruppe gibt es denn noch, von der Sie vor ein paar Wochen erzählt haben? Vielleicht will ich es noch einmal versuchen.»

Ich wage also den nächsten Versuch. Auch hier kann ich ja wieder gehen, wenn es mir nicht passt. Ich muss mich nicht zwingen. Ich kann ja dorthin gehen und mich erst mal als stiller Beobachter hinsetzen und schauen, was passiert. Dann sehe ich ja, wie die anderen Teilnehmerinnen und Teilnehmer so auf mich wirken, ob ich überfordert bin oder dort bleiben möchte. Was habe ich zu verlieren? Oder zu befürchten? Es wäre ein geschützter Raum und ich kann testen, wie weit ich tatsächlich bin. Kann ich denn jetzt mit mehreren Menschen in einem Raum sitzen? Das war zu dem Zeitpunkt immer noch ziemlich krass für mich. Das belastete mich noch so sehr, dass es wahrscheinlich zu viel für mich war. Noch war ich nicht soweit. Aber bald. Bald wollte ich wieder mit ganz vielen Freunden unterwegs sein. Ich wollte reden, lachen und einfach nur ich selbst sein. Das war mein Traum. Ich war mir sicher, dass dieser Traum in Erfüllung gehen wird. Ich wusste nur noch nicht, wie und wann. Aber es würde passieren. Dafür muss ich mir aber klar werden, was ich will. Mit wem will ich befreundet sein? Welche Menschen tun mir gut, welche tun mir nicht gut? Führe ich Zweck-Freundschaften? Bei wem bin ich denn ich selbst? Die letzte Frage ist die wichtigste. Darüber will ich mir bewusst werden. Diese Frage schwirrt schon seit Beginn der Depression in meinem Kopf rum.

Ich habe zu einigen Freunden wieder Kontakt aufgebaut, mich mit ihnen getroffen. Wollte ich das unbedingt, weil ich es will? Oder weil mir langweilig war? Oder um die Bedürfnisse der anderen zu stillen? Jedenfalls habe ich nicht das Gefühl, etwas Wertvolles zurück zu bekommen. Ich empfinde bei vielen Freunden rein gar nichts. Aber ich weiß nicht, woran das liegt. Vermutlich an mir. Vermutlich an der Depresionen. Meine Gefühlswelt ist noch immer völlig durcheinander. Wahrscheinlich war sie auch noch nie geordnet, damit fange ich jetzt erst an.

Ich weiß nicht, wohin mit mir. Aktuell fühle ich mich bei meinem Therapeuten wohl. Da bin ich gerne so, wie ich bin und kann erzählen, was ich will. Bei allen anderen nicht. Das ist verdammt schwer. Es ist unerträglich, so durch die Welt zu gehen. Überall nur zu funktionieren, um den anderen zu gefallen. Ich habe so viele Freundschaften, die jetzt von mir überprüft werden. Aber was kann ich tun? Diese Gedanken nerven mich, denn es bleiben nicht viele Menschen übrig. Ist das wirklich so? Ich bin total durcheinander. Ich will einfach nicht mehr.

Ich mache jetzt mal wieder langsam, unterhalte mich nicht mit vielen Menschen und das tut mir nicht gut. Ich habe das Gefühl, wieder in einem Tief zu landen, belastet durch die Außenwelt. Belastet durch den Druck, den ich mir selbst aufsetze. Den kann mir aber auch keiner wegnehmen, das muss ich erledigen. Mir fehlt aber noch das Werkzeug. Im Moment bin ich froh, wenn ich mit einer Person eine Stunde reden kann. Sobald es über diese Stunde hinausgeht, fühle ich mich schlecht und unwohl, angestrengt, belastet. So, als ob es zu viel sei. Dann will ich nur noch ins

Bett. Ganz alleine, Handy aus. Vielleicht ist die Gruppentherapie keine schlechte Idee für mich. Irgendwo muss ich ja üben. Es ist eine Chance für mich. Selbst, wenn es nicht funktioniert. Da sind fremde Menschen, mit denen ich vermutlich sonst wenig zu tun habe.

Es ist also soweit. Mal wieder. Ich gehe zu einer weiteren Gruppentherapie. Der erste Versuch ging daneben, ich habe mich sehr unwohl und unter Druck gesetzt gefühlt, obwohl die Teilnehmerinnen und Teilnehmer nett waren. Ich saß nur da, mit schwitzigen Händen, und dachte, ich muss mich irgendwie beteiligen und viel sagen. Aber das war zu früh. Heute wird es besser. Heute bin ich nicht so angespannt. Ich bin pünktlich und sehe schon einige Teilnehmerinnen und Teilnehmer vor der Tür des Therapeuten. Dann gehen wir alle rein und es geht schon los. Ich sitze also da und lasse die Gruppe und die Geschichten auf mich wirken. Die 90 Minuten vergehen relativ schnell und ich rede sehr wenig. Angespannt bin ich natürlich trotzdem, aber diesmal ist es anders. Es ist nicht mehr so anstrengend. Ich will nicht flüchten.

«Ich denke, ich komme nächste Woche wieder.»

Ich habe zwar keine Ahnung, wie und ob mir das weiterhelfen wird, aber was habe ich zu verlieren? Außer ein paar Stunden meines Lebens nicht viel. Ich bin in einem geschützten Raum voller Respekt und kann hier über Dinge reden, die ich mit Freunden oder Familie vielleicht nicht besprechen würde. Und ich bekomme eine ehrliche und offene Antwort. Den genauen Zweck hinter der Gruppentherapie verstehe ich aber dennoch noch nicht. Ich weiß auch gar nicht, ob die anderen Teilnehmerinnen und Teilnehmer auch unter einer Depression leiden oder einer anderen Krankheit. Vielleicht sind sie auch gar nicht krank? Ich weiß es nicht. Ist aber erst mal auch egal, schätze ich. Als die Stunde vorüber ist, gehe ich aber schnell raus. Ich will draußen nicht mehr reden, anstrengend war das ja trotzdem. Ich saß 90 Minuten in einem Raum mit mehreren Menschen. Das war zuletzt im Dezember der Fall, Monate her. Ich habe es überlebt. Ich und mehrere soziale Kontakte und Interaktionen. Das scheint ja wieder etwas besser zu funktionieren. Ich bin froh über diesen Fortschritt und gehe jetzt jede Woche in die Gruppentherapie. Es gibt immer einen festen Termin, um Regelmäßigkeit und Routine aufzubauen. Struktur ist mir ja sowieso sehr wichtig, doch gerade in der Depression hilft mir eine feste Struktur enorm. Es ist eine gewisse Verlässlichkeit da, ohne dass ich dafür etwas organisieren muss. Ich erscheine einfach, das bekomme ich hin. Es ist auch nicht mehr so anstrengend, andere Schicksale zu hören. Es belastet mich nicht mehr so sehr. Ich bin eher in der Lage, zuzuhören und nachzufragen. Dann laufe ich nach Hause und verbringe den Abend mit mir alleine. An weitere soziale Kontakt ist heute nicht zu denken, mein Akku ist aufgebraucht.

Die zweite Gruppentherapie habe ich gut verdaut. Auch am nächsten Tag habe ich nicht vor, die Gruppe schon wieder zu verlassen. Es soll mir ja helfen. Also habe ich ab jetzt jede Woche einen festen Termin. Und es ist tatsächlich ein bisschen wie in den Filmen. Ich sitze in einer Gruppe und erzähle von meinen Sorgen oder ich höre mir die Sorgen der anderen an. Ich weiß noch gar nichts von den anderen, über mich weiß auch noch niemand etwas. Aber ich habe ja Zeit.

Die Gruppentherapie wird dir helfen. Und sie wird deinem Therapeuten helfen, dich besser zu verstehen und zu erleben, wenn es Konflikte gibt.

Was meine Depression sagen will...

Zurück ins alte Leben?

Heute ist Freitag. Wochenende. Normalerweise gehe ich fast jedes Wochenende feiern, in einen Club. Am liebsten in Techno-Clubs. Das war schon immer so eine Art Ausgleich für mich. Seit Silvester habe ich aber gar nicht mehr daran gedacht. Seit Silvester konnte ich keinen Club mehr sehen. An Alkohol habe ich auch keine Sekunde gedacht. Das war plötzlich alles weg. Total unwichtig für mich. Es ist mir auch nicht schwergefallen, darauf zu verzichten. Ich wollte gesund werden und mich erholen. Da ist Konsum eher nur eine Flucht. Das klingt total vernünftig, das Zeug dann einfach so wegzulassen, auch wenn man es zuvor jahrelang konsumiert hat. Aber es war kein Verzicht für mich. Das Bedürfnis war einfach nicht da und ist es immer noch nicht. Wer weiß, was die Zukunft bringt? Wer weiß, wie das in ein paar Monaten oder Jahren aussieht? Je nachdem, wie lange ich für die Genesung brauche. Aber gerade bin ich auf einem guten Weg. Ich kann wieder unter Leute, ohne überfordert zu sein. Ich nähere mich meinen Freundinnen und Freunden, die alle totales Verständnis zeigen. Niemand ist böse, im Gegenteil. Sie sind froh, wenn ich mich melde. Auf Konsum habe ich keine Lust, aber auf Techno.

«Lass uns heute feiern gehen», schlage ich Fer vor.

«Wirklich? Bist du dir sicher?», fragt er total verwundert.

«Ja, ich habe irgendwie Lust und will es versuchen. Wenn es zu viel ist, kann ich ja wieder nach Hause gehen. Wir waren jetzt so oft im Kino, das kann ich nicht mehr sehen. Ich bleibe aber nüchtern.»

Dass ich das mal von selbst sage, hätte ich auch nicht gedacht. Ich war vielleicht zweimal in meinem Leben nüchtern in einem Club. Das hat mir nicht so gefallen, weil alle um mich herum irgendwie nicht nüchtern waren und sich auch dementsprechend verhalten haben. Das ist mir dann zu stark aufgefallen und ich hatte keinen Spaß. Aber gerade fühle ich mich so. Gerade bin ich wieder auf Entdeckungstour. Keine Ahnung, wie das heute Abend wird. Fer stimmt zu. Er wird auch nichts trinken. Ich glaube, er hat auch in den letzten Monaten nichts getrunken und war auch gar nicht feiern. Für ihn war es also auch eine Art Detox. Tut ja auch mal gut und sollte ich öfter einbauen. Dry January oder so. Zumindest ein paar Wochen oder Monate den Körper entgiften. Na ja, ich wage es also. Ich weiß, dass ich direkt wieder viel von mir verlange. Ich könnte ja auch erst mal öfter durch eine volle Innenstadt laufen, tagsüber. Oder in eine Bar. Oder die

Gruppentherapie ein paar Wochen mitmachen. Aber ich denke auch, dass ich mir auch mal mehr zumuten sollte, damit ich lerne. Es ist eine große Herausforderung für mich.

Nervös bin ich schon am Nachmittag. Wie wird es sein? In einem vollen Club, mit vielen Menschen? Mich beunruhigt eher die Tatsache, Freunde und Bekannte zu sehen. Welche Story erzähle ich? Sage ich, dass ich eine Depression habe? Oder Burnout? Ist Burnout vielleicht eher verständlich und nicht so negativ behaftet? Ich mache mir viele Gedanken, wie ich mich nach Außen präsentiere. Mal wieder. Ich mache mir wieder Gedanken über mein Außenbild. Das ist definitiv etwas, woran ich arbeiten muss. Auch das hat mich in die Depression getrieben. Ich passe mich ständig meiner Umwelt an, um überall gemocht zu werden, um nicht anzuecken, um nicht aufzufallen. Damit keiner merkt, wie dumm und unwichtig ich bin. Damit niemand böse ist wegen mir. Ich weiß schon jetzt, dass ich da vor einer Mammutaufgabe stehe. Aber das geht natürlich nicht so weiter. Ich habe aber alle Voraussetzungen, diesen Zustand zu ändern. Egal, heute geht es erst einmal darum, mich wieder gesellschaftsfähig zu machen. Mich wieder zu integrieren. Wir treffen uns abends bei Fer, ich bringe ein paar Flaschen Mate mit.

«Damit ich wach bleibe.»

Fer lächelt, sagt aber nichts dazu. Er glaubt nicht so wirklich, dass ich ohne Alkohol in einen Club gehe.

Ich bin total aufgeregt. Ich freue mich und habe Angst. Angst vor dem Rückfall, Angst vor Menschen. Aber ich muss mich den Ängsten nach und nach stellen, damit sie verschwinden. Mich zu verkriechen, um bloß keinen zu sehen, ist keine Dauerlösung. Auch wenn das gerade in den ersten Wochen meiner Depression wirklich die einzige Option war. Wie wird das wohl sein, wenn ich das monate- oder jahrelang durchziehe? Wie soll ich denn dann wieder leben? Das ist doch verrückt! Ich habe die Krankheit und die Schwächen, aber muss ich mich deswegen verstecken? Wer sagt, dass ich das muss? Nur ich selbst oder das Ego. Scheiß auf das Ego. Ich frage mich manchmal auch, wie ich sonst gesund werden will, wenn ich nicht unter Menschen gehe? Ich vergleiche das ein bisschen mit Sport. Wenn ich mich nicht bewege, wird mein Körper irgendwann träge und selbst bei den kleinsten Anforderungen muss ich schnaufen. Drei Treppenstufen und ich bekomme keine Luft mehr, weil ich es nicht mehr gewohnt bin. 100 Meter laufen und ich bekomme keine Luft mehr, denn mein Körper ist die Anstrengung gar nicht mehr gewohnt und braucht erst mal wieder seine Zeit, damit ich die 100 Meter auch schaffe. Genau so stelle ich mir das mit meinem Gehirn vor. Ich muss es dauernd fordern, auch schwierige Hürden nehmen lassen. Nur so kann es wachsen, nur so kann ich wieder gesund werden. Gerade während der Depression ist das bei mir manchmal ganz schön schmerzhaft und ich weine los. Aber was soll das?

Heute gehe ich in den Club. Mit Fer. Mal schauen, was die Depression dazu sagt.

Wir laufen so gegen 1 Uhr nachts los. Von Fers Wohnung ist der Club ungefähr 15 Minuten zu Fuß entfernt, ein schöner Spaziergang entlang der Isar. Mit jedem Schritt werde ich nervöser. Gleich sehe ich nicht nur viele Menschen, ich sehe auch viele bekannte Menschen. Menschen, die mich normalerweise fast jedes Wochenende im Club sehen und jetzt monatelang nicht mehr gesehen haben. Wir stellen uns in die Schlange und warten, bis wir reingelassen werden. Draußen sehe ich noch keinen und bin froh. Drin könnte ich einem Gespräch noch eher aus dem Weg gehen, da ist es dunkel und laut. Draußen kann man nur reden. Nach zehn Minuten kommen wir rein und geben die Jacken ab. Es ist eigentlich alles so wie immer. Ich bin nicht ängstlich. Ich bin nur nüchtern, aber das macht mir heute auch nicht wirklich was aus. Wir laufen so ein bisschen durch den Club und dann geht es schon los.

«Hey, wie schön dich zu sehen! Lange nicht mehr hier gewesen, oder?»

Diesen Satz sollte ich an dem Abend mindestens zwanzigmal hören und schon nach dem fünften Mal bin ich davon sogar etwas genervt. Ich freue mich gar nicht wirklich, die Leute zu sehen. Die meisten sind auch alles Bekannte. Eigentlich will ich nur den Test bestehen, es im Club auszuhalten und Fragen zu beantworten, ohne viel zu erzählen. Dann sehen Paulo und Martin mich auf der Tanzfläche.

«Heeey, wie schön dich wieder zu sehen! Wie geht's dir? Alles gut?»

Die wissen sicher, dass ich krank bin, Burnout oder sonst was habe. Sie haben mich so fest gedrückt und sich so herzlich gefreut. Mit Martin unterhalte ich mich später auf der Treppe vor dem Klo etwas länger und erzähle von der Krankheit. Es ist ein cooles Gespräch, ohne in die Tiefe zu gehen. Es hat sich gut angefühlt und ich bin ein bisschen überrascht, dass sich Martin so mit mir befasst hat. Dass es generell den Leuten so auffällt, dass ich lange weg war und sie dann auch nachfragen. Der Abend verlief super. Nach der zehnten Frage, wo ich denn die letzten Monate war, reagiere ich ganz gelassen und erzähle einfach, dass ich mal eine Pause gebraucht habe und gehe weiter. Ich habe das ganz schön vermisst. Den Club und vor allem die Techno-Musik. Fer folgt mir auf Schritt und Tritt.

«Wenn irgendwas ist, gib mir Bescheid.»

Wir gehen auf die Tanzfläche und da wird es mächtig laut. Der Beat vibriert durch meinen Körper und ich tanze. Ich bewege mich hin und her, fange plötzlich an, es zu genießen. Ich fühle mich total lebendig, grinse über beide Ohren. Ich mache die Augen zu und spüre, wie gut es mir genau in diesem Moment geht. Es ist nur eine normale Techno-Party, aber es fühlt sich an wie mein Comeback ins Leben. Zumindest an diesem Abend. Sobald ich den Beat höre und mein Körper brummt, vergesse ich auf einmal alles. Ich vergesse die Depression, ich vergesse die Tränen, den Schmerz. Ich bin einfach nur da und tanze. Links und rechts laufen die Menschen an mir vorbei, doch das ist mir egal. Ich blende alles aus und tanze. Das ist ein unbeschreibliches Gefühl und ich sage mir:

«Ich glaube, ich brauche kein Alkohol oder so was. Ich kann das auch nüchtern ab jetzt. Ich spüre mich richtig.»

«Wir werden sehen», antwortete Fer skeptisch.

Ich bin gar nicht skeptisch. Ich habe so viel Spaß und bin froh, dass ich in diesem Moment nur an Spaß denke. Dann sieht Steffen mich auf der Tanzfläche und fällt mir in den Arm.

«Mensch, Mattia, wie schön dich zu sehen! Wie geht's?»

«Alles gut, bei dir? Bist du mal wieder zu Besuch?»

Steffen hat mal eine Zeit lang in München gewohnt und lebt mittlerweile in Wien. Ab und zu ist er hier zu Besuch.

«Ja, ich bin ein bisschen voll. Hast du was konsumiert?»

Das ist auch so ein Standardsatz im Club, wenn ich andere Bekannte sehe. Die Frage wird oft gestellt.

«Nee, schon lange nicht mehr. Habe eine Pause gebraucht.»

Und dann platzt es aus Steffen raus.

«Hattest du einen Burnout oder wie?»

Wir stehen auf der Tanzfläche und ich höre plötzlich auf mich zu bewegen. Ich schaue ihn etwas verwundert an und weiß nicht so recht, was ich sagen soll. Er merkt es.

«Upps, sorry. Das wollte ich nicht!»

«Ist schon okay, ja hatte einen Burnout.»

Das scheint für mich in dem Moment einfacher zu sein. Für mich ist ein Burnout noch gesellschaftsfähiger als eine Depression. Auch wenn das totaler Bullshit ist.

«Wollen wir uns kurz setzen?», fragte er mich.

«Na gut.»

Wir setzen und auf die Treppe.

«Du, tut mir echt leid, wollte dich nicht direkt drauf ansprechen. Ist mir so rausgerutscht. Anton meinte, dass es dir nicht gut geht.»

«Ist schon okay. Ja, mir ging es eine Zeit lang nicht gut und jetzt mache ich eine Therapie.»

Es ist ein recht offenes Gespräch. Ich fühle mich zwar nicht unwohl, aber ich strenge mich ganz schön an, das Richtige zu sagen. Kann man denn das Richtige sagen? Wir sind mitten im Club, er ist dicht, ich bin nüchtern. Wahrscheinlich weiß er morgen gar nichts mehr und ich mache mir total die Gedanken darüber, was ich sage. Aber ich sehe es als Übung an. Wie komme ich mit Menschen klar. Es tut schon weh und es kostet sehr viel Aufmerksamkeit, aber das ist gut. Was wäre die Alternative? Alleine zu Hause im Gedankenstrudel versinken? Das mache ich bestimmt morgen wieder. Weinen inklusive. Vermutlich, weil Steffen das ansprechen musste. Ich hatte extrem viel Spaß und habe mich lebendig gefühlt. Es war eine Abwechslung zwischen der Therapie, dem Sport, dem Meditieren, dem Gedanken-machen. Es ging mal gar nicht um meine Depression und was ich tun kann, um die Schmerzen zu lindern. Es ging einfach nur darum, mich zu spüren. Dafür liebe ich Techno-Musik. Dafür liebe ich es, feiern zu gehen. Die Musik lässt mich die Depression für einen Moment vergessen. Okay, bis ein paar betrunkene Hansel mit mir reden wollen. Um vier Uhr ist dann Schicht im Schacht. Fer und ich gehen zur Garderobe, um unsere Jacken abzuholen. Dann gehen wir raus.

«Das hat sich gut angefühlt. Ich trinke nie wieder was.»

Fer muss lachen. Ich muss auch etwas schmunzeln, aber ich kann es ja zumindest versuchen.

«Das sehen wir ja noch.»

Dabei bin ich in dem Moment echt davon überzeugt, weil ich einfach Spaß hatte. Sonst musste ich im Club immer was trinken, wirklich immer. Heute nicht.

Heute ist alles gut. Die Fragen und Gespräche haben mich genervt und ich war bemüht, mich gut zu präsentieren. Aber ich gehe nach Hause und freue mich, sonntags mal nicht um sieben oder acht Uhr aufstehen zu müssen. Ich freue mich, mal etwas länger liegen zu bleiben und spät zu frühstücken. Ein kleines Stück Leben kehrt zu mir zurück.

> Das ist jetzt der nächste Fortschritt und damit meine ich nicht den Club selbst. Jede Begegnung mit Menschen, jedes Gespräch ist ein Fortschritt. Das Leben als Partybiest gehört aber nicht mehr zu dir, das wird dir noch bewusst. Vielleicht ist das ab und zu noch ganz nett für dich, aber du wächst hier langsam raus. Deine Bedürfnisse verändern sich.

Was meine Depression sagen will...

Den Tränen so nah

Der Sonntag läuft ganz entspannt. Direkt nach dem Aufstehen setze ich mich an die Isar in die Morgensonne und lasse die Wärme auf mein Gesicht strahlen. Ich bin zwar noch etwas müde, denn der Abend im Club war tatsächlich anstrengend gewesen, aber es geht mir gut. Ich bin nicht überfordert. Heute will ich wieder ein bisschen telefonieren. Nach der Meditation und dem Frühstück rufe ich meine Mutter an. Ich habe mich jetzt mehrere Wochen nicht mehr gemeldet, sie hat mich auch nicht angerufen. Das Verhältnis zu meiner Mutter war schon immer richtig kompliziert. Es ist alles immer so verkrampft, selten ist es eine entspannte Mutter-Sohn-Beziehung. Meine Depression hat sie ziemlich überfordert. Es hat sie auch vollkommen überrascht, dass ich jetzt plötzlich nicht mehr verfügbar bin, dass ich Hilfe brauche. Sie hat nicht einmal verstanden, dass ich krank bin. Bis heute nicht. Bis heute ist sie nicht in der Lage, das zu erkennen. Sie hat mich nicht richtig wahrgenommen und mit meiner Depression schon gar nicht. Aber das darf für mich jetzt keine Priorität mehr haben. Ich bin die Priorität und dafür gehe ich jede Woche in die Therapie. Dafür arbeite ich hart an mir, verdammt hart.

Ich lernte intensiv dazu, jeden Tag, in jeder Therapie-stunde. Und erst jetzt verstehe ich, was das genau ist. Ich wusste nicht ganz genau, wieso sie da war und wie lange sie da sein wird. Aber das darf mich auch nicht belasten, denn ich sollte mich gerade nur mit mir be-schäftigen. Ich weiß aber, dass sie leidet. Unter dem wenigen Kontakt und darunter, dass ich lieber mit mei-nem Vater spreche. Er ist ruhiger, hat keine Erwartun-gen und vermittelt mir, dass ich machen kann, was ich will. Bei ihm habe ich nicht dieses Pflichtgefühl, dieses Schuldgefühl, was eine gesunde Beziehung unmöglich macht. In der Therapie geht es auch immer wieder um das Verhältnis und die Erziehung der Eltern, was mich sehr geprägt hat. Da sind ganz viele Verhaltensweisen, die mir gerade vor die Füße fallen. Das muss ich erst einmal sortieren, aufschlüsseln und dann auflösen.

„Das braucht Geduld", sagte mein Therapeut immer. Geduld ist ja mal so gar nicht mein Ding. Ich dachte immer, ich kann nicht geduldig sein. Aber die Depres-sion zeigt mir eindrucksvoll, was ich kann und zu was ich in der Lage bin. Ich bin also auch in der Lage, ge-duldig zu sein. Sehr geduldig.

Ich schweife vom Thema ab, aber es hat ja mit meiner Mutter zu tun. Das ist also die Situation – seit Jahren. Jetzt werde ich daran etwas ändern und ich gebe mir Mühe. Also rufe ich alle paar Wochen mal an. Meistens ist sie so mit ihren eigenen Themen beschäftigt, dass da gar kein Platz für andere Sachen ist.

Diesmal lief es aber so richtig gut. Ich konnte ein längeres Gespräch führen. Ich weiß, dass das gerade nur eine Momentaufnahme bei mir war, aber diese Momente kommen nun öfter. Am Anfang der Depression war da nichts, da war alles nur dunkel. Dann war ich vielleicht eine Stunde pro Woche „normal" drauf. Die Stunden wurden mehr und mittlerweile ist auch ein ganzer Tag dabei. Ich spüre, wenn auch super langsam und im Schneckentempo, den Effekt. Und den Effekt spüre ich, weil ich genau weiß, dass ich nach dieser verdammten Depression strahlen werde. Dass ich aus der Krise so stark wie noch nie in meinem ganzen Leben hervorkommen werde.

Ich glaube fest daran, ich bin mir sicher. Ich habe direkt eine Wahl getroffen. Es ist ein so harter Weg. Vor allem, weil ich immer noch zwei Sachen versuche: Auf mich selbst zu achten und andere damit nicht vor den Kopf stoßen, andere berücksichtigen. Es klappt noch nicht so gut, andere Wünsche zu ignorieren und nur auf mich zu hören. Da habe ich noch eine Menge Arbeit vor mir und muss herausfinden, wieso das so ist, woher das kommt und wie ich das ändere, ohne am Ende alleine zu sein. Ohne am Ende weder Familie noch Freunde zu haben. Im Moment verhalte ich mich ja entsprechend: Ich lehne fast alle Menschen um mich herum ab. Aber das kann es nicht sein. Das hat nur was mit mir zu tun und nicht mit den anderen. Mein Leben ist nicht so konzipiert. Mein Leben hat da was ganz anderes für mich vorbereitet. Sobald ich diese Tür ins Glück gefunden habe, geht es rund. Das ist mein Ziel. Ich arbeite mich hart durch den Dschungel voller Unkraut und Dreck, falle super oft hin, bleibe hängen, nehme Rückschläge hin. Aber irgendwann, irgendwann bin ich da und dann hält mich nichts mehr auf. Bis dahin halte ich irgendwie die Kontakte, von denen ich denke, dass sie vorhanden sein „müssen". Es kann kein Zufall sein, dass sich niemand von mir abwendet.

Später treffe ich Fer und wir gehen Abendessen. Mittlerweile fühle ich mich schon um einiges sicherer unter Leuten. Es ist schon noch schwierig und ich fühle mich unwohl, aber es wird angenehmer. Das muss ich jetzt fleißig üben. Ich steige also aufs Fahrrad und fahre los. Nach 200 Metern ruft jemand plötzlich nach mir. Andi, Nickys Bruder, sieht mich zufällig beim Vorbeiradeln und spricht mich direkt an. Wir haben uns mehrere Monate nicht gesehen.

«Mattia???»

«Hey!»

«Was geht, schon lange nicht mehr gesehen! Wie geht's dir?»

Plötzlich bin ich etwas überfordert. Ich fühle mich überfallen. Was sage ich denn jetzt?

«Du, alles gut. Ich treffe Fer gleich zum Essen. Was geht bei dir?»

«Ja, nicht viel. Arbeitest du gerade, oder?»

«Nee, ich arbeite schon länger nicht mehr. Das hast du aber bestimmt schon mitbekommen, oder?»

«Nee, ich weiß nichts! Bist du dann krankgeschrieben oder arbeitslos gemeldet?»

«Andi, ich habe auch Geschwister und ich weiß, dass man sich da so was erzählt und deine Schwester ist meine Mitbewohnerin.»

«Ich habe echt nichts mitbekommen. Ja und bist du gerade auf Jobsuche?»

Wow! So aus dem Nichts kommt gerade so eine Prüfung. Andi checkt absolut gar nichts, für ihn ist es ein normales Gespräch und er hat mich ja lange nicht gesehen. Ich bin mega überfordert und fast schon sauer. Wieso ist er denn so neugierig? Und wieso merkt er nicht, dass ich mich unwohl fühle und die Fragen gerade irgendwie blöd für mich sind?

«Du, mir ging es eine Zeit lang nicht gut. Jetzt ist doch die Hauptsache, dass es mir wieder gut geht. Ich muss dann mal los.»

«Klar, da hast du recht. Meld' dich, wenn du mal wieder was machen willst!»

«Mach' ich, bis dann!»

«Ciao.»

Ich radele direkt weiter und bin so froh, dass das Verhör vorbei ist. Ich spüre wieder viel Druck und will fast losweinen. Ich konnte ihm gar nicht gerecht werden, seine Fragen beantworten. Was denkt er jetzt über mich? Auf der anderen Seite bin ich immer noch sauer und frage mich, ob er wirklich nichts checkt. Das war so aufdringlich für mich. Danach war mir klar, dass ich mich bei ihm in der nächsten Zeit nicht melde. Ich bekomme direkt Angst vor seinen Fragen. Liegt es mal wieder an der Depression? Ich habe da schon die ganze Zeit das Gefühl, dass ich bei anderen Menschen eher bemerke, was in ihnen vorgeht. Ich spüre viel mehr, was da zwischen den Zeilen passiert oder was die Intention ist. Bei Andi war es reine Neugier. Er wollte unbedingt wissen, ob ich gerade arbeite, krankgeschrieben bin oder sonst was ist, – nachdem wir uns Monate nicht gesehen haben. Ich kann mir auch kaum vorstellen, dass seine Schwester ihm nicht gesagt hat, dass ich mich monatelang im Zimmer eingesperrt hatte und es mir dreckig ging. Die erzählen sich sonst alles, das weiß ich aus eigener Erfahrung. Sobald ich mal am nächsten Morgen mit einem Typen nach Hause kam, wusste es Andi am nächsten Tag. Wieso lügt er mich auch noch an? Ich verstehe das nicht. Merkt er es gar nicht? Ich steigere mich beim Essen mit Fer da komplett rein. Der hört nur zu und sagt irgendwann:

«Der war bestimmt nur neugierig und hat es nicht so gemeint.»

«Kann sein.»

Ja, vielleicht. Ich will mich trotzdem nicht bei ihm melden. Zumindest in nächster Zeit nicht. Nach gut einer Stunde habe ich mich wieder beruhigt, dann fällt mir was auf: Ich bin ruhig geblieben, habe ihm nur kurze Antworten gegeben und das Gespräch auch beendet. Ich habe mir das also nicht gefallen lassen. Normalerweise bin ich zu freundlich und erzähle alles, damit der andere auch bloß mit Informationen versorgt ist. Wie es mir dabei geht, ist dann egal. Diesmal nicht. Diesmal war ich kurz angebunden. Ich weiß nicht, wie das bei ihm angekommen ist? Ob das unfreundlich war?

Genau das ist eines meiner Probleme. Ich stelle die Bedürfnisse der anderen vor meine eigenen und leide darunter. Aber ich erzähle niemandem, dass ich leide. Denn dann würden sie ja mitleiden und sich Gedanken machen. Lieber leide ich alleine. Irgendwann musste ich ja deswegen zusammenbrechen. Wer hält das denn aus, immer eine andere Rolle zu spielen? Ich jedenfalls nicht mehr, bemerke ich. Aber erst mal muss ich diese Rolle genauer verstehen und dann Strategien entwickeln, um aus dieser Rolle zu schlüpfen. In eine neue Rolle, in den Original Mattia. In das vierjährige Kind, dass sich über andere Befindlichkeiten noch keine Gedanken gemacht hat und einfach nur spielen wollte. Das Gespräch mit Andi war ein kleiner Schritt in diese Richtung. Ich muss zwar noch an der

Umsetzung arbeiten, weil ich sehr kühl und abgeklärt war, aber das Ziel war genau das: Bei mir bleiben. Mich nicht unter Druck setzen lassen. Nach dem Tag lege ich mich super müde ins Bett. Erst das Gespräch mit meiner Mutter, dann die Begegnung mit Andi. Ich werde noch zum richtig sozial-verträglichen Menschen, ohne mich selbst dabei zu zerstören.

Das ist es, worauf es ankommt.
Erkenne deine Gefühle, deine Bedürfnisse.
Und zwar so, wie du es in der Vergangenheit bei anderen gemacht hast. Du bist die Priorität.
Nur wenn du dich verstehst, kannst du auch von deinem Umfeld verstanden und gesehen werden.

Was meine Depression sagen will...

Next step: Wohnung!

Die Wohnungssuche geht weiter. Seit einigen Wochen rufe ich jeden Montag bei einer Hausverwaltung an und frage nach freien Wohnungen.

«Guten Morgen, hier ist Mattia. Ich suche derzeit nach einer 1- bis 2-Zimmer Wohnung in München und wollte wissen, ob gerade was frei ist.»

«Guten Morgen, ich hätte ein 1-Zimmer-Apartment im Distrikt frei. Es ist zwar sehr klein, dafür wird es aber kernsaniert. Die Warmmiete beläuft sich auf 550 Euro, das Apartment ist 19 Quadratmeter groß. Dann wäre noch eine Wohnung in Sendling frei. Die ist günstiger und größer, wird ebenfalls kernsaniert. Hätten Sie Interesse?»

«Ja, ich würde mir gerne beide Wohnungen anschauen.»

Was soll's, denke ich mir. Ich habe ja gerade nicht so viel zu tun und anschauen kostet nichts. Die Wohnung im Distrikt ist von der Lage her vermutlich ziemlich cool – die in Sendling klingt zu schön, um wahr zu sein.

«Okay, dann kommen sie gerne vorbei und holen sich die Schlüssel ab. Sie müssen diese nur am selben Tag wieder zurückbringen.»

«Super, dann bis gleich!»

Ich rufe sofort Fer an und steige ins Auto. Heute schauen wir uns zwei Wohnungen für mich an. Ich habe zwar noch ein paar Monate Zeit, aber die vergehen schnell.

«Hey du, ich schaue mir gleich zwei Wohnungen an. Hast du Lust, mitzukommen?»

«Ja, warum nicht?»

Die Hausverwaltung befindet sich direkt in der Nähe von Fers Wohnung. Zuerst fahren wir nach Sendling im Westen Münchens. Die Wohnung liegt zwar nicht ganz so zentral, aber in U-Bahn-Nähe. Das passt für München. Mit der U-Bahn ist man hier ziemlich schnell im Zentrum. Als wir aussteigen, merke ich aber direkt, dass das nichts wird. Unmittelbar vor der Wohnung sehe ich eine Schule, dazu Bahngleise und, wie es der Zufall will, fährt gerade eine S-Bahn durch. Wow! Schlimmer wäre vermutlich nur noch eine Feuerwehr.

«Okay, vielleicht ist es ja nicht so laut.»

Wir müssen beide lachen, aber wir schauen uns die Wohnung trotzdem an. Das Haus sieht etwas älter aus – genauso wie die Wohnung. Zwei Zimmer, über 40 Quadratmeter, gut geschnitten. Hier hat anscheinend eine ältere Frau gelebt. Die Wohnung wird zwar noch saniert, aber die Schule und die Bahngleise sind ein Killer für mich.

«Gut, das war wohl nichts.»

«Bist du dir ganz sicher?»

Fer ist super drauf heute. Wir steigen ins Auto und fahren in die nächste Wohnung. Der Gebäudekomplex befindet sich in einer Seitenstraße, vielleicht fünf Minuten Fußweg zur Isar – wunderschön! Als wir die Wohnung betreten, sehen wir nur Beton, also noch eine Baustelle. Aber bei der Begehung merke ich schon, dass sie viel zu klein ist.

«Also, die Wohnung in Sendling mit der Lage wäre cool.»

«Ja, und für unter 500 Euro. Das wäre cool», meine ich sarkastisch.

«Hey, dein Sarkasmus ist wieder da!»

Es sind diese kleinen Momente, wo ich wieder komplett im Leben bin. Fer hat recht. Wir haben uns beide Wohnungen angeschaut, beide waren nichts, eigentlich schlechte Nachrichten für mich. Eigentlich könnte das meine Laune drücken, aber das tut es nicht. Ich bin sarkastisch, gehe damit gut um. Ich mache Witze darüber, dass ich noch keine Wohnung gefunden habe und merke gar nicht, dass ich mental stabiler werde.

«Stimmt. Fühlt sich cool an!»

«Wollen wir ein Eis essen gehen?»

Nächste Woche rufe ich einfach wieder an und wieder und wieder. Bis die passende Wohnung für mich dabei ist. Irgendwie ist es ja auch traurig, dass die WG-Zeit vorüber ist. Ich rede eigentlich nur noch mit Jan und das auch nicht so häufig. Spätestens seit dem Gespräch im Februar ist die Luft in der WG raus. Für mich ist die Situation immer noch recht schwierig. Jedes Mal, wenn ich in die Küche muss und dort jemand steht, stellt das eine Herausforderung für mich dar. Ich schaffe es mittlerweile zwar, in der Küche zu bleiben und mir auch mein Essen zu kochen, aber das kostet mich sehr viel Konzentration und Anstrengung. Ich bemühe mich, nicht aufzufallen oder nicht zu nerven. Ich versuche, mich unauffällig zu verhalten. Was sind das für Voraussetzungen, um in einer WG zu leben? Das ist richtig scheiße. Ich weiß gar nicht, wie ich das im Januar oder Februar gemacht habe, als ich wie eine kleine Maus durch die Wohnung geschlichen bin und nur aus meinem Loch kam, wenn die Luft rein war. Ich belaste mich durch die Depression eigentlich schon mehr als genug und trotzdem mache ich es allen recht. Was für ein Quatsch! Aber ich komme dem langsam auf den Grund. Dank der Therapie ist das für mich möglich.

«Ich habe ständig das getan, was anderen passt. Ich habe nie Rücksicht auf mich genommen und war immer darauf bedacht, zu gefallen, gemocht zu werden. Ich fühle mich ausgesaugt. Ausgesaugt von Familie und Freunden. Aber daran bin ich selbst schuld. Ich habe jedem vermittelt, dass er mich aussaugen kann.

Ich habe auch zu viele Kontakte, das will ich jetzt reduzieren und schauen, wer mir wirklich wichtig ist.»

«Wie stellen Sie das an?»

«Na ja, ich merke ja, wer sich bei mir meldet und was er mir schreibt. Oder mit wem ich in den letzten Jahren eine gute Zeit verbracht habe. Die lockeren Bekanntschaften fallen da jetzt raus.»

«Und Sie wollen dann die Kontakte abbrechen oder beenden?»

«Ja, warum nicht?»

«Ich weiß nicht.»

Ich überlege eine Weile und es ist still. Wie stelle ich das an?

«Ich kann es einfach nicht mehr. Ich bin überfordert und muss mir erst einmal Raum verschaffen.»

«Das ist nicht die Frage.»

Und damit endet auch schon wieder die Stunde. Nirgends vergehen 45 Minuten so schnell wie in dieser Therapie. Ich lege mich auf die Couch, fange an zu reden und dann ist die Zeit auch schon um. Das nervt mich ziemlich, weil immer irgendwas offen bleibt.

«Die Therapie wirkt meistens in der Zeit zwischen den einzelnen Stunden», sagte mein Therapeut am Ende.

Das stimmt. Direkt nach der Stunde bin ich überfordert und weiß nicht, was ich mit der Stunde anfangen soll. So zwei, drei Tage später kommen plötzlich Erkenntnisse. Einfach so und in völlig banalen Situationen. An der Supermarkt-Kasse, in der Sauna, beim Joggen, während ich den Boden sauge. Da macht es dann Klick und ich bin für einen Moment glücklich. Glücklich, dass die Stunde doch nicht unnötig war. Glücklich, dass die Stunde etwas gebracht hat. Da bin ich ja doch noch relativ misstrauisch und will die Stunde – so gut es geht – nutzen. Mittlerweile checke ich aber, dass jede einzelne Minute so wertvoll ist. Trotzdem ist es mir zu wenig, der Fortschritt noch zu langsam. Ich hoffe, das Gefühl verschwindet irgendwann. Wie ich nun meine Freundschaften oder meine Beziehung zur Familie angehe, weiß ich auch nicht. Ich bin mir nicht sicher, woran es wirklich liegt. Es kann ja nicht sein, dass ich niemanden brauche. Es kann nicht sein, dass ich kaum etwas fühle. Das muss mit mir zu tun haben und nicht mit der anderen Person. Natürlich ist es bei manchen Bekannten klar und manche Freundschaften können sich auch toxisch entwickeln. Genau da bin ich noch überfragt. Welche Freundschaft ist toxisch? Ist die Beziehung zu meiner Familie gerade toxisch? Ich bin froh, dass ich da jetzt endlich aufräumen kann. Das wird ein langer Prozess sein, aber ich komme dem Ursprung meiner Depression näher. Wie ein Detektiv, der einen Mörder jagt. Der Detektiv ist nicht immer auf der richtigen Spur, aber wenn er gut ist, findet er den Mörder am Schluss. Die Depression ist natürlich verdammt klug. Ich habe sie ja nicht einmal bemerkt, als sie hinter mir stand. Ich habe es noch nicht einmal gecheckt, als ich sie schon hatte. Erst, als sie meinen Verstand übernommen hatte, ist mir das aufgefallen. Da hat sich erst meine Seele gemeldet:

«Hey du, merkst du jetzt endlich was? Du musst etwas tun, sonst ist dein Leben vorbei.»

Ich habe es gemerkt und ich habe etwas getan. Aber das reicht noch lange nicht. Das reicht noch lange nicht, um ein Leben voller Vertrauen und Liebe zu erschaffen. Ich bin mir ganz sicher, dass dieses Leben da ist, in meiner Seele. Wo Angst und Misstrauen sind, sind auch Vertrauen und Liebe. Es geht um die Perspektive, meinen Blickwinkel, den ich nun in Baby-Schritten ändere. Dafür bin ich der Depression weiter auf den Fersen. Koste es, was es wolle. Vielleicht muss ich dafür einige Freundschaften, Verhaltensweisen und Tränen opfern. Aber dann, dann wartet auf mich was. Dann wartet das Paradies, der Himmel – ohne Wolken, strahlend blau. Das grenzenlose Bewusstsein. Ich habe da schon eine Vision, die ganze Zeit. Ein Ziel vor Augen. Der nächste Schritt ist aber etwas weniger visionär. Ich brauche spätestens ab September ein Dach über dem Kopf. Eine eigene Wohnung.

Als ich vom Einkaufen nach Hause laufe, sehe ich einen Zettel an einer Hauswand:

«Wohnung im Dreimühlenviertel zu vermieten.»

Ich nehme direkt mein Handy aus der Tasche und wähle die Nummer.

«Hallo, hier ist der Mattia. Ich suche derzeit eine Wohnung, habe den Zettel an der Hauswand entdeckt. Ist sie noch frei?»

«Ja, sie ist noch frei. Es handelt sich um eine 32 Quadratmeter große Wohnung, ein Zimmer mit separater Küche. Können Sie morgen vorbeikommen? Sie benötigen auch erst einmal keine Unterlagen.»

«Ja perfekt, ich wohne derzeit direkt nebenan. Vielen Dank.»

Wow. Ich bin auf einmal mega happy. Ist das ein Zeichen? Bekomme ich jetzt eine eigene Wohnung und darf noch in meinem Viertel bleiben? Das wäre so cool. Völlig aufgeregt rufe ich Ludo an und erzähle ihm von der guten Nachricht. Gleich morgen kann ich sie mir anschauen. Der Preis ist auch bezahlbar, für München auf jeden Fall.

Am nächsten Tag laufe ich gleich rüber, vermutlich gibt es noch andere Interessenten. Vor der Tür stehen noch zwei weitere Leute, die sich die Wohnung auch anschauen wollen. Dann kommt der Vermieter, ein etwas älterer Herr.

«Guten Tag zusammen. Die Wohnung befindet sich im zweiten Stock. Lassen Sie uns reingehen.»

Die Wohnung ist gemütlich und für eine Person nahezu perfekt. Großer Raum, separate Küche mit eingebauter

Küchenzeile. Durch einen kleinen Raumtrenner ist der Schlafbereich vom Rest des Zimmers abgetrennt. Das Bad sieht auch modern aus. Innerlich plane ich schon den Umzug und bin total happy.

«Und, wie sieht es aus? Haben Sie Interesse?»

«Ja, ich bin sehr interessiert und würde gerne einziehen.»

Es gibt noch einen weiteren Interessenten – und der hat direkt eine Bewerbermappe dabei. Mist, denke ich mir. Ich habe überhaupt keine Unterlagen dabei. Er hat ja am Telefon gesagt, dass ich vorerst keine Unterlagen benötige.

«Vielen Dank für Ihre Zeit, wir werden uns spätestens morgen bei Ihnen melden.»

Ich bin euphorisch und skeptisch. Diesmal bin ich nah dran an der eigenen Wohnung, an dem ersten richtigen Schritt ins neue Leben. Die Vorfreude hält aber nicht lange. Am nächsten Tag ruft mich der Vermieter an.

«Guten Tag, Sie haben sich gestern die Wohnung angeschaut. Wir haben uns leider nicht für Sie entschieden.»

«Oh, das ist aber schade. Darf ich fragen, woran es lag?»

«Sie hätten die Wohnung bekommen, aber Sie hatten keine Unterlagen dabei. Der andere Interessent schon. Wir wussten zu wenig über Sie.»

«Die Unterlagen hätte ich auch direkt per E-Mail schicken können und am Telefon meinten Sie, das wäre vorerst nicht nötig gewesen. Da lag wohl ein Missverständnis vor.»

«Wir wussten jedenfalls zu wenig über Sie. Viel Erfolg bei der weiteren Suche.»

Ich lege auf und bin enttäuscht. Habe ich da nicht richtig nachgedacht und war zu voreilig? Er hat ja am Telefon nichts von Unterlagen gesagt. Das kam mir gelegen, da ich ja gerade keinen Job habe und das irgendwie erklären muss. Aber weiter habe ich nicht gedacht. Ich bin eher sauer auf mich, dass ich nicht weiter nachgedacht habe. Ab jetzt bereite ich mich besser vor! Ich setze mich direkt an den Laptop und fertige eine Bewerbermappe an. Ja genau, eine Bewerbermappe für eine Wohnung. Wir sind ja auch in München. Die muss ich dann anscheinend auch ausdrucken. Aber wie mache ich das mit meinem Gehaltsnachweis?

Ich bemerke, dass es problematisch wird. Mit einer Bürgschaft stehen meine Chancen gegenüber einem solventen Bewerber vielleicht schlechter. Ich probiere es mit meinen Unterlagen und nehme mir vor, nie wieder ohne eine Mappe zu einer Wohnungsbesichtigung zu gehen. Hilft ja nichts. Das war eine coole Wohnung, top Lage und bezahlbar. Und ich bin quasi schuld, dass ich sie nicht bekommen habe. Das war mein Fehler. Ich merke aber auch, dass ich das zwar blöd finde – ich weine aber nicht. Diese automatischen

Tränen, die mir während der akuten Phase der Depression in fast jeder Situation hochgeschossen sind, sind nicht da. Ich sehe das als Lektion oder als Übung. Am nächsten Tag suche ich weiter. Die richtige Wohnung wird schon kommen und dann werde ich auch vorbereitet sein. Vielleicht war das jetzt auch nur ein Test, damit ich für die nächsten Chancen gewappnet bin. Ich ziehe das Positive aus dieser Erfahrung. Woher das kommt, frage ich mich. Mir fallen diese ganzen Verhaltensweisen an mir auf, ich kann sie aber nicht erklären. Alles stammt aus meiner Kindheit, aus meiner Erziehung, von meinen Eltern. Mehr weiß ich aber auch nicht. Ich tappe da noch ganz schön im Dunkeln.

In den nächsten Tagen habe ich nochmal eine Besichtigung für eine kleine Wohnung am Sendlinger Tor. Lage top, dafür 20 Quadratmeter groß – oder besser gesagt klein. Die Bude habe ich über Immobilienscout gefunden und auf meine Anfrage prompt eine Antwort erhalten. Diesmal bin ich ready! Ich drucke die komplette Bewerbermappe aus und steige aufs Rad. Als ich an der Wohnung ankomme, warten dort noch gefühlt 15 andere Leute. Viele im Anzug, mit einer viel schöneren Mappe. Dann kommt die Maklerin und zeigt uns die Wohnung. Natürlich können immer nur ein paar Leute rein, da wir nicht alle in das kleine Zimmer passen.

«Die Wohnung kostet 600 € warm. Bei Interesse können Sie mir die einfach die Unterlagen da lassen, wir melden uns dann.»

Gut, jeder drückt der Maklerin die Mappe in die Hand. Ich irgendwie auch. Ich finde sie zwar viel zu klein, aber na ja. Als ich aber einen Blick auf die Mappen werfe, mache ich mir schon gar keine Hoffnungen mehr. Nettolöhne von 5.000 oder 7.000 €, - die wollen diese wohl als Zweitwohnung mieten oder so. Ich glaube, ich bin chancenlos und gehe wieder etwas betrübt nach Hause. Ich weiß ja, wie die Wohnungssuche in München so laufen kann. 2012 habe ich mir in zwei Tagen rund 30 WG-Zimmer angeschaut und nur Absagen erhalten. Das war schon krass. Und jetzt ist es eine harte Probe für mich. Ich bin ja noch nicht so wirklich stabil. Ein kleiner Windstoß und ich breche zusammen, raste aus oder bin einfach nur traurig und will alleine sein.

Es sind Ablehnungen für mich und diese Ablehnungen haben immer eine Message: Ich bin nicht gut genug, ich habe nicht genug Geld, ich reiche nicht aus. Ich bin wertlos. Mein Satz, mit dem ich durch das Leben laufe. Dieser Satz versperrt mir ziemlich viel. Ich weiß aber noch nicht, wo er herkommt und wie ich ihn auflöse. Er muss aber aufgelöst werden. Irgendwann werde ich sagen: Ich bin gut genug. Ich bin großartig. Ich bin liebenswert. Irgendwann. In meiner eigenen Wohnung.

Es geht ständig weiter bei dir mit den Herausforderungen. Ich weiß, das ist hart, aber du wirst später bemerken, wie du stärker und stärker wirst. Die Wohnungssuche in München gehört definitiv zu einer größeren Herausforderung, gerade in deinem Zustand. Halte durch.

Was meine Depression sagen will...

Wann bin ich glücklich?

Von der Wohnung kam die nächste Absage. Ich habe ja schon damit gerechnet. Die Suche geht weiter. Langsam kommen wieder Zweifel bei mir auf. Nun bin ich schon mehrere Monate zu Hause, habe keine Arbeit und bin noch nicht gesund. Ich habe mit wenigen Menschen Kontakt und halte mich an meinen Tagesablauf. Ich merke zwar, dass es mir besser geht, dass ich nicht mehr so traurig bin. Die Welt ist nicht mehr so dunkel und hoffnungslos für mich. Aber es ist hart. Manchmal haut es mich noch komplett um und ich weine los, bin den ganzen Tag traurig. Am nächsten Tag geht es wieder besser. In der Therapie muss ich auch oft weinen. Es geht mir nicht schnell genug. Ich will mich wieder wehren. Dabei weiß ich doch, dass ich es akzeptieren sollte. Erst durch die Akzeptanz tut sich etwas. Ich habe mal wieder so eine Phase und das tut weh. Da weiß ich nicht weiter, will mit keinem reden, außer mit meinem Therapeuten. In der Gruppentherapie spreche ich das auch an, aber irgendwie gefällt mir das diese Woche auch nicht. Ich bin viel draußen an der Luft, um nachzudenken.

Wann verschwindet die Depression? Ich mache doch schon so viel und auch so viele Fortschritte. Ich habe es eilig. Aber warum habe ich es eilig? Weil ich den Zustand nicht mehr ertrage? Weil ich bald auf der Straße sitze? Ich glaube, hier meldet sich gerade mein Ego. Ich bin noch nicht so ganz fein mit meinem Zustand, noch nicht bei 100 Prozent. Alleine die Situation mit Andi hat mir das gezeigt. Was erzähle ich denn den anderen? Dass ich seit Monaten nicht arbeite? Erzähle ich lieber, dass ich arbeitslos bin oder krankgeschrieben? Ich fühle mich unwohl in meiner Haut. Die Kurve zeigt gerade wieder nach unten. Vielleicht liegt es auch an den Absagen für die Wohnung. An der Situation mit meiner Familie. Dass mich niemand mich versteht. Solche Phasen sind echt ätzend, solche Phasen lassen mich zweifeln. Bin ich auf dem richtigen Weg? Kann ich noch mehr tun? Was genau kann ich tun? Nach fast jeder Therapie-Stunde gehe ich raus an die Luft und habe Tränen in den Augen. Ist das alles richtig? Ist die Therapie mir doch zu langsam? Ich stelle alles infrage, was mir in letzter Zeit so viel Kraft gegeben hat.

Mein Ego meldet sich auf hässliche Art und Weise und ich finde den Aus-Schalter nicht. Die Stimme wird lauter und lauter, das ist nicht aufzuhalten. Ich werde es aushalten. Irgendwie. Ich setze mich wieder an den Laptop und suche nach Wohnungen, schreibe viele Vermieter an. Damit lenke ich mich ab, weil ich unbedingt nach dem ersten großen Zwischenziel für mein neues Leben suche. Nach dem ersten Teilerfolg, nach dem ersten Projekt. Da ist eine Wohnung etwas wahrscheinlicher als ein neuer Job. Der vermeintliche Stillstand nervt mich. Es ist ja kein Stillstand und eigentlich ist ja alles gut. Aber ich habe Zweifel. Nach den ersten Therapie-Stunden meinte ich zu meinem Therapeuten:

«Können Sie mir sagen, was ich tun kann? Was könnte mir noch helfen? Oder wie kann ich mich vorbereiten? Ich hätte gerne ein paar Tipps.»

«Das ist die Frage. Wollen wir einen kurzfristigen Effekt, möchten Sie ein Pflaster auf die Wunde oder suchen Sie nach einer langfristigen Lösung?»

Ich wusste genau, dass er damit Recht hat. Das sage ich mir immer wieder, wenn es mir nicht schnell genug geht. Wenn ich den Eindruck habe, dass er mir mehr helfen könnte. Auch diesmal denke ich, dass ich die Füße still halten soll. Geduld, es wird schon. Das Licht am Ende des Tunnels ist schon zu sehen. Aber es ist noch ein langer Weg, den ich ganz alleine gehe. Und niemand kann mir sagen, wie lange der Weg noch sein wird. 100 Meter, ein Kilometer, zehn Kilometer, 100 Kilometer - keine Ahnung. Das macht mich wahnsinnig. Und gerade dieser Gedanke bringt mir rein gar nichts.

Loslassen und annehmen – ja ja. Ich kann das echt nicht mehr hören und werde aggressiv. Es ist so unfassbar schwierig, loszulassen und anzunehmen. Da würde mir ein Studium leichter fallen – und ich habe so was schon mehrmals abgebrochen. Aber je mehr ich mich wehre, umso mehr entferne ich mich wieder von mir selbst. Je mehr Raum ich meinem Ego gebe, umso schlechter geht es mir. Ich hasse mein Ego. Es teilt mir so viele falsche Dinge mit, die ich auch noch glaube. Ich bin aus dem tiefsten Loch raus, mit meiner eigenen Kraft und das in Rekordzeit. Dabei hatte ich keine Vorbilder, niemand konnte mir sagen oder empfehlen, wie ich das am besten mache. Wenn ich etwas über Depressionen gelesen habe, dann ging das sehr oft nur in eine Richtung: Eine Krankheit, die zwar absolut heilbar ist, die man aber nur schwer überwinden kann.

Aus spiritueller Sicht ist eine Depression aber auch ein Geschenk. Mein Körper kommuniziert, hisst die weiße Fahne und sagt mir, dass es so nicht weitergeht, dass ich ganz andere Möglichkeiten habe, dass ich den ganzen Nebel um mich herum auflösen kann, damit ich klar und deutlich sehe, was abgeht. Damit ich mich selbst wahrnehme. Das alles merke ich und bin nicht zufrieden. Es ist diese innere Stimme, dass ich nicht gut genug bin, dass ich wertlos bin. Ich könnte auf den Mond fliegen und Millionen Menschen würden mir zujubeln. Doch ich würde dann sagen, dass ich ja nur ein paar Minuten auf dem Mond war. Nichts besonderes. So wie die Pressekonferenz von Francesco Totti, die ich einfach mal so übersetzt habe. Ich war skeptisch, ob meine Kolleginnen und Kollegen das viele Lob auch ernst meinten. Ich dachte, dass ich nicht gut genug bin und habe völlig übersehen, dass ziemlich viel möglich ist, wenn ich daran glaube und mir selbst vertraue. Das ist vermutlich ein Kernthema, meine innere Überzeugung, die ich auflösen muss, wenn ich meine Kraft zurück bekommen will. Es ist die Königsdisziplin, die ich da gerade meistere. Danach bin ich sozusagen erleuchtet. Aber diese Erleuchtung muss ich dann auch leben. Ich hoffe, ich kann noch sehr lange zur Therapie, denn ich habe viel vor mit mir und der Welt.

Der Tag beginnt eigentlich wie jeder andere. Ich stehe auf, gehe eine Runde spazieren und meditiere. Dann schaue ich mir beim Frühstücken Wohnungen an. Die üblichen Seiten, die üblichen Angebote. Ich habe auch ein paar Filter eingestellt, bisher war da nur nicht viel dabei. Bis ich ein interessantes Angebot finde. Eine Ein-Zimmer-Wohnung mit separater, neuer Einbauküche, Balkon, in Isar-Nähe, renoviert. Von den Eckdaten her ein Traum, bezahlbar ist sie auch noch. Ich rufe sofort an.

«Hallo, hier ist der Mattia. Ich bin an der Wohnung interessiert und würde sie mir gerne anschauen. Ist sie noch frei?»

«Hallo Mattia, hier ist Saskia. Ja, du kannst sie dir gerne anschauen. Ich kümmere mich um die Besichtigungen, die Wohnung gehört meiner Mama. Kannst du mir vielleicht vorab deine Dokumente schicken?»

«Cool, die Dokumente kann ich dir sofort per E-Mail schicken. Wann könnte ich sie sehen?»

«Kannst du heute um 14 Uhr?»

«Ja perfekt, das passt.»

«Super, ich gebe dir noch die E-Mail-Adresse und dann sehen wir uns später!»

Ich bin etwas euphorisch und freue mich schon auf die Besichtigung. Es ist keine Massenbesichtigung, ich kann mir die Wohnung sogar alleine anschauen. Diesmal bin ich gut vorbereitet, sie hat alle Dokumente schon vorab bekommen. Jetzt kommt es darauf an, wie einprägend ich bin – oder auch nicht. Um Punkt 14 Uhr bin ich da. Die Wohnung befindet sich in Laufnähe zur Isar. Vor der Tür gibt es Supermärkte, Bäckereien, die U-Bahn. Die Lage ist ein Traum und die Wohnung ist über das Hinterhaus erreichbar, also auch sehr ruhig. Jackpot?

«Vielen Dank für den Termin. Die Wohnung sieht sehr schön aus. Wann wurde sie renoviert?»

«Erst vor zwei Jahren. Das Bad ist auch relativ neu und die Küche ist voll ausgestattet.»

«Ich bin begeistert, gefällt mir sehr gut. Darf ich kurz ausmessen?»

«Klar, gerne.»

«Gibt es noch viele weitere Interessenten?»

«Ja, es sind noch ein paar. Wir werden uns heute Abend entscheiden und schicken Ihnen dann eine E-Mail, wenn Sie Interesse haben.»

«Ich habe großes Interesse. Ich wohne gleich in der Nähe und wollte gerne in dieser Ecke bleiben. Die Lage ist toll und die Wohnung sieht schön gepflegt aus. Ich würde gerne einziehen.»

Ich machte also gleich Nägel mit Köpfen. Ich strahlte die Tochter der Vermieterin förmlich an, sie wirkte ein bisschen schüchtern, war aber sonst sehr nett.

«Vielen Dank für Ihre Zeit. Ich freue mich auf die Antwort.»

Ich gehe aus der Wohnung raus und denke mir: Die ist es! Die will ich und die bekomme ich auch bestimmt. Ich könnte sogar direkt zum Ersten des nächsten Monats einziehen. Ich denke, ich habe einen guten Eindruck hinterlassen und bin sehr zuversichtlich, dass es endlich klappt. Den ganzen Tag über kann ich von nichts anderem reden. Ich merke, wie ich mich nach dem ersten Step sehne, die Flamme wird wieder größer. Ich treffe Fer und erzähle ihm von der Wohnung und ich bin mir irgendwie total sicher, dass es klappt. Nervös schaue ich den ganzen Tag auf mein Handy und öffne auch immer wieder die E-Mail-App. Wer weiß, vielleicht funktioniert die Push-Funktion ja nicht.

Dann passiert den ganzen Tag nichts. Auch am Tag darauf keine Nachricht. Enttäuschung macht sich breit, das war wohl wieder nichts. Ich schicke ihr eine Nachricht und frage nach, wie es denn ausschaut.

«Leider haben wir die Wohnung an jemand anderen vergeben. Viel Erfolg bei der weiteren Suche.»

Zack. Und alles ist wieder verpufft. In meinem Kopf habe ich die Wohnung schon eingerichtet und überlegt, wie ich den Umzug plane und was ich mir alles kaufen werde. Ich war wirklich zuversichtlich. Ich bin traurig, denn die Wohnung war wirklich sehr schön. Der Tag ist irgendwie gelaufen. Ich bin schlecht gelaunt. Es fühlt sich wie ein Rückschlag an. Es fühlt sich so an, als hätte ich noch nicht alles beachtet, um einen Schritt weiterzukommen. Ich trete auf der Stelle, hänge in der WG fest, in meinem alten Leben. Ich will aber in mein neues Leben, und das am liebsten gestern. Meine Ungeduld und mein Ego melden sich wieder. Ich rufe Ludo an und erzähle ihm von der Absage.

«Vielleicht kannst du beim nächsten Mal 500 € als Provision zahlen. Das machen bestimmt auch ein paar. Die Wohnungssituation in München ist ja außergewöhnlich.»

«Ja, stimmt. Das kann ich machen. Na ja, es ist in Ordnung. Ich suche einfach weiter.»

Nachdem ich wieder aufgelegt hatte ist mir klar, dass es nicht in Ordnung ist. Ich bin genervt, will nicht mehr stehenbleiben. Ich will weitergehen. Aber es klappt nicht. Und was tue ich? Ich erzähle Ludo, dass es mir nichts ausmacht, dass es in Ordnung ist. Ich mache den gleichen Fehler wieder und wieder. Anstatt zu sagen, wie sehr mich das nervt. Ich will ihn nicht belasten. Aber das ist mein Problem. Ich denke für andere mit und überlege, was ich erzählen kann und was zu meiner Rolle passt. Diese Rolle hat mich krank gemacht. Diese Verhaltensweise ist jahrelang von mir antrainiert worden und es ist nicht so leicht, sie wieder abzulegen. Aber das wird nötig sein, wenn ich die Depression auch in Zukunft vermeiden will. In dieser Situation ist es mir nicht gelungen. Er kann sich wahrscheinlich sowieso denken, dass mich das nun traurig macht. Ich habe ihn ja völlig euphorisch angerufen und davon erzählt, wie sicher ich mir mit der Zusage war. Ich merke mal wieder, dass ich noch sehr viel zu tun habe. Mit Meditation und Sport ist es noch nicht getan. Ich muss hart an mir arbeiten, um etwas zu bewegen. Vielleicht bekomme ich erst dann eine Wohnungszusage. Wer weiß. Ich gehe die Situation mit dem Therapeuten durch:

«Was wäre passiert, wenn Sie gesagt hätten, wie traurig Sie sind?»

«Ich hätte meine Gefühle zugegeben und mich schwach gezeigt.»

«Und wäre das schlimm?»

«Hmm, nein ...»

«Was haben Sie sich bewahrt?»

«Meine Rolle, so kennt man mich. Ich komme immer zurecht.»

«Wem hilft das?»

«Allen anderen, nur mir nicht.»

«Das ist so ein bestimmtes Verhaltensmuster, das Sie an den Tag legen. Die Frage ist, ob Sie das tun müssen, oder ob es auch andere Möglichkeiten gibt.»

«Ich habe Angst vor der Konsequenz. Ich weiß nicht, was passiert, wenn ich nach meiner Vorstellung handle und rede.»

«Dann würden Sie das Muster durchbrechen.»

«Aber ich will die Muster durchbrechen. So geht es für mich nicht weiter.»

Es geht weiter mit der Wohnungssuche, die durch das Telefonat mit Ludo immerhin zu einer Erkenntnis geführt hatte. Ich gehe noch nicht meinen eigenen Weg. Puh, das ist schwieriger als gedacht. Ab und an denke ich schon ans Aufgeben, an die Tabletten, die mir der Psychiater verschreiben würde. Ich müsste nur zustimmen, das Rezept abholen und es könnte losgehen. Aber womit würde es losgehen? Damit, dass ich mein Leben lang Antidepressiva brauche, um einen künstlichen Zustand von Zufriedenheit zu erlangen? Nein, das ist keine Option. Ich gehe den harten Weg. Ich gehe den Weg, der mich zur dauerhaften Zufriedenheit führt. Vielleicht sind dafür noch ein paar

Wohnungsbesichtigungen mehr nötig. Vielleicht ist dafür eine viel längere Therapie nötig. Aber ich bin mir ziemlich sicher, dass ich das schaffe.

Warum bin ich mir so sicher? Das ist meine Einstellung zum Leben. Ich mache das Beste aus den Situationen und suche nach Lösungen. Dabei ist mir völlig egal, wie das andere machen oder schaffen. Oder eben nicht schaffen. Ich merke, dass ich mich ja nur einschränke, wenn ich pessimistisch an eine Sache herangehe oder vergleiche. Bei einer Depression ist das schon fast tödlich. Wenn man hoffnungslos in einer hoffnungslosen Situation steckt, wie kommt man da raus? Gar nicht. Wie soll man das auch überstehen, wenn man so eine Haltung hat? Ich weiß, das klingt alles so cool und easy. Nein, ist es gar nicht. Aber verdammt noch mal, ich habe nur dieses eine Leben. Ich kann vielleicht nicht beeinflussen, welche Krankheiten ich bekomme oder welche Schicksalsschläge ich erleiden muss, aber ich kann beeinflussen, wie ich damit umgehe. Ich kann beeinflussen, was ich aus diesen Situationen mitnehme. Und das ist das größte Geschenk und dafür danke ich meinen Eltern. Bei den ganzen negativen Verhaltensweisen, die mir jetzt vor die Füße fallen, wurde mir auch beigebracht, positiv zu bleiben, nicht den Kopf in den Sand zu stecken. Aufzustehen, wenn es aussichtslos ist. Ob bewusst oder unbewusst, völlig egal. Das zählt ja auch für die negativen Dinge.

Diese positive Haltung, selbst in einem tiefen dunklen Loch, ist ein Geschenk. Es zeigt mir, dass das Glück in mir drin steckt. Und es ist meine Aufgabe, das Glück wachzurütteln, wieder in mein Leben zu rufen, auszukosten. Mein Leben ist ein Wunder und genau so will ich es auch behandeln. Ganz ehrlich, was bringt es mir, Trübsal zu blasen? Was bringt es mir, abends auf der Couch zu vergammeln? Nichts, überhaupt gar nichts. Ich bin schon so angekotzt von mir selbst, wenn ich solche Phasen habe. Ich habe dieses Leben, dieses wunderbare Geschenk – und was mache ich? Netflix schauen und warten, bis ich so müde werde, um einzuschlafen. Fuck it, dafür bin ich nicht hier. Dafür habe ich schon so viel Freude erlebt, so viel Zufriedenheit. Das ist alles da. Ich bestimme nur, in welcher Dosis. Und genau deswegen bin ich mir so sicher, dass ich es schaffe. Ich bin mir sogar sicher, dass es jeder schaffen kann.

Wo ein Wille ist, ist auch ein Weg. Klugscheißer-Sprichwort, aber es ist so wahr. Ständig erwische ich mich bei negativen Gedanken und bilde mir ein, die Situationen sind so schlecht, Freunde verachten mich und so weiter. Ich manipuliere mein Gehirn förmlich mit negativen Gedanken. Wieso gehe ich nicht den anderen Weg? Es sind alles nur Gedanken, die vorbeiziehen, wie man das während der Meditation so schön lernt. Und mit einer positiven Einstellung lebt es sich so viel besser. Das bedeutet nicht, dass ich den ganzen

Tag nur lache und alles ist toll und wunderbar. Es bedeutet, dass ich das Leben genau so akzeptiere, wie es ist. Mit allen Höhen und Tiefen. Mit allen Tränen, Sinnlos-Netflix-Abenden, den durchfeierten Partynächten und mit allem, was sonst noch so dazugehört.

Das ist ungefähr wie bei der Ernährung. Ich kann nicht den ganzen Tag nur Süßigkeiten essen. Ich kann schon, aber dann bin ich kugelrund, mein Darm bricht durch und mein Herz hört irgendwann auf zu schlagen. Grünzeug gehört dazu, auch wenn es manchmal nicht so schmeckt. Aber es ist gesund, es hilft, es lässt mich wachsen. Ich sehe das Leben so klar und deutlich vor mir. Ich sehe so klar, wie zufrieden ich sein werde und ich ja teilweise auch schon bin. Und dabei geht es nur um mich, meine Seele. Job, Beziehung, Wohnung, Reisen – das alles habe ich gerade nicht. Es wäre schön, wenn ich das hätte. Aber das ist ein Bonus. Das macht mein Leben vielleicht einfacher und gemütlicher, aber nicht lebenswerter. Dafür brauche ich nur in den Spiegel zu schauen. Ich liebe es, mich persönlich weiterzuentwickeln und ich liebe es, zur Therapie zu gehen. Das ist das größte Geschenk für mich. Am liebsten würde ich meinen Therapeuten nach jeder Stunde umarmen, aber das darf ich ja nicht. Distanz und so. Ich weiß jetzt, auf was es im Leben ankommt. Und das entscheidet ganz sicher nicht mein Ego. Das entscheidet mein Herz. Das, worauf es im Leben ankommt, kann man nicht kaufen. Darin kann ich nicht schlafen, damit kann ich nicht fahren. Das kann ich auch nicht trinken, essen oder konsumieren.

Ich werde mehr und mehr glücklich und zufrieden. Und das mit meiner Depression, die immer da ist. Die mich immer wieder warnen wird, wenn es brenzlig wird. Wenn ich nicht bei mir bin, und da wird es sicher noch einige Situationen geben. Ich bin ja erst 28 und habe noch viele Jahre vor mir.

> Du begreifst langsam, worum es in deinem Leben geht. Du verstehst, worum es mir ganz am Anfang deiner Reise ging. Es geht um so viel mehr, als du bisher erlebt hast und das wird dir bewusst. Ich bin vorsichtig, aber vielleicht muss ich bald gar nicht mehr da sein.

Was meine Depression sagen will...

Penisse an der Wand

Ich werfe immer mal wieder einen Blick auf die Miet-
börse, da gibt es auch coole Wohnungen. Diesmal
sehe ich eine richtig gute. Zwei Zimmer, 50 Quadratmeter, Isar-Nähe, 700 Euro warm. Für München ein
Schnäppchen! Ich rufe sofort an und bekomme auch
gleich einen Termin. Yeah! Ich gehe direkt zum Dro-
geriemarkt, um die Bewerbermappe auszudrucken.
Ich mache nicht wieder den gleichen Fehler und bin
unvorbereitet. Ich ziehe mein einziges weißes Hemd
aus dem Schrank und fange an zu bügeln. Das Sakko
könnte auch ein paar Bügeleinheiten vertragen, die
Hose sowieso. Ich fahre alle Geschütze auf und putze
mich heraus, um hervorzustechen. Es sind zwar kna-
ckige 27 Grad draußen, aber ich will ja eine Wohnung
und nicht an der Isar chillen. Die Wohnung wird zum
1.6. frei. Super kurzfristig, aber egal.

Ich mache mich also fertig und steige aufs Rad. Ich bin
zehn Minuten zu früh dran, draußen warten schon ein
paar weitere Interessenten. Niemand hat ein Sakko
oder ein Hemd an. Ich warte vor der Tür und schaue
nervös aufs Handy. Ich schaue mir schon die Gegend
an – sieht top aus. U-Bahn und Isar in der Nähe, eine
ruhige Seitenstraße. Dann kommt einer der Mieter

raus und bittet uns alle rein. Wir sind so ungefähr acht Bewerber und gehen nach und nach in die Wohnung. Vom Flur aus gelangt man in die Zimmer, das Bad und die Küche. Die Küche ist direkt am Anfang, mega klein, aber möbliert. Als nächstes kommt das Bad, schön groß und mit Badewanne. Ich schaue nach rechts und sehe schon das Bett des Schlafzimmers. Ein paar Interessenten kommen verstört aus dem Schlafzimmer raus und ich frage mich, was da los ist. Die Wohnung ist doch super. Aber mir soll's egal sein. Dann gehe ich in das Schlafzimmer rein, schaue mich in Ruhe um. Das Zimmer ist groß genug, da passt alles Nötige rein. Dann bemerke ich, dass ziemlich viele kleine Bilder an den Wänden hängen, – alle eingerahmt. Plötzlich bleibe ich stehen. Der Mieter hat Fotos von steifen Penissen eingerahmt und aufgehängt. Im Schlafzimmer. Innerlich muss ich lachen. Ich bin ja schwul und habe keine Probleme mit Penissen – im Gegenteil. Aber ich würde keine davon an die Wand hängen. Waren das seine Errungenschaften? Oder soll das Kunst sein? Ich weiß es nicht. Ich weiß nur, dass alle Bewerber kaum mehr ein Wort rauskriegen, jeder wirkt total verstört. Ich habe mir schon viele Wohnungen angeschaut, aber das habe ich tatsächlich noch nie gesehen. Na ja, ich gehe dann weiter ins Wohnzimmer, was sehr groß ist. Im Wohnzimmer hängen zwar keine steifen Penisse, dafür aber halbnackte Kerle an der Wand. Egal, die Wohnung ist super und ich will sie. Die Bilder bleiben vermutlich ja nicht in der Wohnung. Ich gehe direkt auf den Mieter zu und will ihm meine Mappe in die Hand drücken.

«Ich bin sehr an der Wohnung interessiert, hier sind meine Unterlagen.»

«Ich bin nur der Mieter und zeige Ihnen die Wohnung, den Rest müssen Sie mit der Hausverwaltung klären.»

Na super. Jetzt habe ich Hemd und Sakko bei 27 Grad draußen an und merke, dass das völlig umsonst war. Auch die Unterlagen hätte ich gar nicht ausdrucken müssen. Ich rufe nach dem Termin direkt bei der Hausverwaltung an und bekunde mein Interesse. Die Unterlagen kann ich per E-Mail schicken und dann heißt es mal wieder hoffen. Das ist auf jeden Fall auch eine Wohnung, die ich gerne hätte. Sie hat zwar keinen Balkon, aber dafür zwei große Zimmer und ich kann sie bezahlen.

Ich rufe bei der anderen Hausverwaltung an und frage – wie jeden Mittwoch – nach freien Wohnungen. Mittlerweile kennt man mich schon und weiß, was ich suche.

«Wir haben eine interessante Wohnung für Sie am Westpark. Ein Zimmer, 36 Quadratmeter, mit Balkon. Die Wohnung wird komplett saniert.»

«Ja, das klingt ... interessant. Ich schau' sie mir mal an.»

Eigentlich bin ich gar nicht überzeugt, denn die Lage ist nicht das, was ich will. Aber was soll's. Ich rufe Fer an.

«Ich schaue mir eine weitere Wohnung an. Hast du Lust, mitzukommen?»

«Klar. Wann holst du mich ab?»

Ich sammle Fer mit dem Auto auf und hole den Schlüssel bei der Hausverwaltung ab. Das ist zumindest sehr praktisch. Ich kann mir die Wohnung in Ruhe anschauen – ohne mehrere Bewerber im Nacken. Wenn ich Interesse habe, gebe ich die Unterlagen dort ab und dann wird per Losverfahren entschieden. Wir fahren los, von Fers Wohnung sind es ungefähr sechs Kilometer.

«Hmm, scheint ja schon etwas außerhalb zu sein.»

Ich sage nichts, aber er hat recht. Cool finde ich das nicht und irgendwie bin ich skeptisch. Dann kommen wir an, mitten in einer Wohngegend. Die Straße ist ruhig und das Gebäude erinnert an ein amerikanisches Motel.

«Die Wohnung ist im zweiten Stock im Gang draußen.»

Wir laufen die Treppe hoch und dann durch den Gang. Von außen sieht es nicht so toll aus, auch die Gegend nicht. Ich öffne die Tür. Durch einen kleinen Flur komme ich in das Zimmer und sehe nur Beton. Da wurde schon alles rausgerissen, auch die Wände sind grau. Wir sehen eigentlich nur eine Baustelle.

«Sie scheint gut geschnitten zu sein. Hier ist die Schlafecke, da die Küche. Der Balkon ist groß. Ist doch cool.»

Fer gefällt die Baustelle. Mir gar nicht.

«Ich weiß nicht. Sieht irgendwie so schmal aus.»

«Lass uns mal den Balkon anschauen.»

Vom Balkon aus sieht man die U-Bahn-Station, einen Supermarkt und den Westpark. Es ist alles in unmittelbarer Nähe. Aber ich kann mir nichts vorstellen. Keine Ahnung, wie die Wohnung aussehen wird. Ich mache aber mal Fotos und schaue mir alles nochmal genau an. Die Eckdaten passen und hier hätte ich vielleicht eine größere Chance auf den Zuschlag.

«Es kann ja nicht so schlimm werden, sie wird ja komplett renoviert.»

«Ja, das stimmt. Ich überlege es mir. Lass uns fahren.»

Wir steigen nochmal ins Auto und fahren in die Stadt. Ich bin unsicher, ob ich mich bewerben soll. Die Gegend gefällt mir nicht, da sind keine schicken Altbau-Wohnungen, keine Bars, keine Restaurants.

Auf der anderen Seite läuft mir auch die Zeit davon, in ein paar Monaten muss ich ausziehen. Viel länger halte ich es mit Nicky auch nicht aus. Ich habe aber noch die andere Wohnung, die will ich! Ich rufe bei der Hausverwaltung an und schicke dann meine Bewerbungsunterlagen. Ich lasse Ludo aber die Wohnung mieten. Mit seinem Gehalt stehen die Chancen viel höher, als wenn ich mich bewerben würde. Ich habe ja im Grunde gerade nur das Krankengeld und das würde nur Fragen aufwerfen, die ich im Moment noch nicht beantworten will.

Puh, das ist alles anstrengend. Ich habe viel zu tun, muss viel überlegen und mich irgendwie auch entscheiden. Niemand kann mir das abnehmen. Ich würde mich lieber voll und ganz auf meine Depression konzentrieren und daran arbeiten, anstatt ein neues Zuhause zu suchen. Ich hoffe wirklich, dass ich eine der beiden Wohnungen bekomme. Die Suche raubt mir viel Kraft. Kraft, die ich vielleicht an einer anderen Stelle brauche.

Ich nehme es aber so hin, wie es ist. Was bleibt mir anderes übrig? Ich kann mich jetzt ins Bett legen und weinen, wie anstrengend das Leben gerade für mich ist. Ich kann auch tagelang liegen bleiben und nichts tun, außer zu weinen und zu jammern, wie ungerecht das alles ist, warum das ausgerechnet mir passieren muss. Kann ich machen, ja. Aber was bringt mir das? Ich kann zwar nichts dafür, dass ich jetzt ausziehen und eine Wohnung suchen muss, aber ich habe es selbst in der Hand, wie ich die Situation betrachte und was ich aus der Situation mache. Ich könnte auch um die schöne WG trauern, um die coole Zeit mit den Mitbewohnern, in Nostalgie schwelgen und weiter jammern. Ich könnte mir aber auch ein neues Leben aufbauen. Mit einer eigenen Wohnung.

Es geht um die Betrachtung einer Situation. Ich sehe immer die Chance, die hinter einer Veränderung, einer negativen Erfahrung steckt. Vielleicht nicht unmittelbar, aber dann mache ich mir Gedanken. Ich muss auch trauern, weinen, verzweifelt sein. Aber dann, dann richte ich mich auf und überlege, wie ich es besser machen kann. Dieser innere Antreiber in mir ist immer da. Ich merke immer mehr, wie sehr diese Einstellung mein Leben formt. Vor ein paar Monaten war mein innerer Antreiber ganz klein, minimal. Fast nicht vorhanden. Fast. Diese kleine Flamme lasse ich jetzt wieder aufflackern. Sie wird immer größer. Ich entscheide mich für ein neues Leben. Ich wähle die zweite Variante. Vielleicht verzichte ich aber auf Penisse an der Wand.

Die nächsten Tage schaue ich fast stündlich auf mein Handy. Irgendwann muss ich ja eine Zu - oder Absage erhalten. Zwei Wohnungen sind im Rennen, die Zeit knapp. Ich schaue mir erst mal keine weiteren Wohnungen an. Stattdessen fahre ich spontan zu Ludo nach Augsburg, um auf andere Gedanken zu kommen.

Wir verbringen das Wochenende nur mit Essen und ein bisschen Wandern. Es ist schon erstaunlich, wie gut ich mit ihm über die Depression reden kann. Eigentlich ist Ludo jemand, der jede Aussage bis ins kleinste Detail überprüft und lieber recht hat als irgendetwas anderes. Während meiner Phase ist das gar nicht so. Als hätte er automatisch einen Schalter umgelegt. Er kann zuhören und mit mir meine Themen besprechen, ohne mir seine eigene Meinung aufdrücken zu wollen. Ich hatte ja schon so viele Vorahnungen, wieso ich die Depression habe. Zu viele

Freunde, zu viele soziale Kontakte, zu viel Konsum und so weiter. Das alles konnte ich mit ihm durchsprechen, ohne dass er mich bevormunden oder mir erzählen wollte, was wirklich die Hintergründe sind. Er weiß es auch nicht, aber normalerweise hält ihn das nicht von einer Meinung ab. Er hört zu, bespricht mit mir alles und lässt es dann genau so stehen. Ob ihm das selbst auffällt? Ich lerne jedenfalls eine andere Seite kennen und die gefällt mir, die ist zugänglicher. Ich habe zu manchen Freunden den Kontakt abgebrochen, mit der Familie rede ich selten. Ich weiß noch nicht warum, ich weiß nur, dass es mir nicht gut tut und ich höre auf jedes Signal meines Körpers. Zu lange habe ich die Signale nicht bemerkt, ignoriert, überhört. Die Befindlichkeiten der anderen waren mir wichtiger.

Worauf ich eigentlich hinaus wollte: Durch die Depression ist auch die Qualität meiner sozialen Beziehungen gestiegen. Ich habe tolle Gespräche mit Fer und Ludo und ich merke, dass ich ernst genommen werde. Ich merke, dass ich mit Ehrlichkeit und Transparenz mehr erreiche, ich mache mich gerade sehr verletzlich und lege meine Schwächen dar. Es ist mit Sicherheit gerade nicht leicht mit mir, aber so ist es. Die Kontakte, die mir nicht guttun, muss ich überprüfen. Über einen längeren Zeitraum. Keine Ahnung, wie lange das dauert. Meine Familie hat jedenfalls Geduld und Verständnis. Das werden sie immer haben und ich spüre immer den Rückhalt, egal wie schwierig die Beziehungen gerade sind.

«Ich weiß nicht wieso, aber ich weiß, dass ich mich nicht freue, die Familie zu sehen. Schon seit Jahren nicht mehr. Daran kann ich gerade nichts ändern. Ich fühle nichts.»

«Ja, den Eindruck habe ich auch. Du musst das tun, was dir gut tut. Punkt.»

«Ich kann auch gar nicht sagen, ob und wie der Kontakt in Zukunft aussieht, wann ich wieder nach Hause fahren will, keine Ahnung. Ich weiß nur, dass es mir besser geht und ich auf einem guten Weg bin.»

«Das ist das Wichtigste. Nimm dir die Zeit.»

Das ist für mich noch wie ein großes Rätsel. Empfinde ich wirklich keine Liebe? Kann ich das reparieren? Wo ist meine Liebe hin? Für mich ist alles nur Zweck, ich vertraue keinem, mache lieber alles alleine. Ich bin damit nicht unzufrieden, aber offensichtlich fehlt etwas. Offensichtlich muss ich etwas ändern – auch im Äußeren, aber vor allem im Inneren. Die innere Welt ist die äußere Welt, heißt es so schön. Die äußere Welt habe ich jetzt erst mal zum Großteil abgeschirmt, aus guten Gründen. Ich weiß nicht, wer am Ende des Tages da sein wird, wer dafür Verständnis hat. Ich schaue auf mich. Ich muss lernen, auf mich zu schauen. Nur auf mich. Helfe ich anderen, wenn ich selbst nicht volle Kraft habe? Ich glaube nicht. Ich muss noch so viel lernen. Die Tage bei Ludo waren angenehm, nur schlafen konnte ich ganz schlecht. Er hat eine sehr unbequeme Couch, aber selbst in seinem Bett konnte ich kaum schlafen. Wir haben sogar die Matratze auf den Boden und auf die andere Seite gelegt – jeweils erfolglos. Ludo kann immer schlafen. Sogar, wenn man ihn gegen eine Wand lehnt. Es war ein schönes Wochenende. Beim Abschied fließen wieder Tränen. Das habe ich nicht im Griff, aber es bedeutet vielleicht, dass ich nicht ganz so herzlos bin, wie ich vermute. Da ist irgendwo was, da sind Emotionen, die entdeckt werden wollen. Die wollen raus. Dafür sorge ich.

Lass alles raus. Lass deine Gefühle raus, drück dich aus. Teile dich mit. Teile deinen Mitmenschen mit, wie es dir geht und was du brauchst. Es wird Menschen geben, die dich verstehen werden, die dir guttun. Es wird auch Menschen geben, die dich für total bekloppt halten. Die dürfen gehen. Du bist nicht hier, um genau für diese Personen da zu sein. Das bringt mich nur wieder zurück. Merk dir das.

Was meine Depression sagen will...

Die Zusage

In München nimmt alles seinen normalen Lauf. Ich verbringe die Tage mit meiner gewohnten Routine und ich spüre, wie ich mich stabilisiere. Mittlerweile klappt auch die Meditation ganz gut. Am Anfang saß ich einfach nur ein paar Minuten da, konnte mich natürlich gar nicht konzentrieren oder nicht nichts tun. Meine Gedanken waren irgendwo, aber nicht im hier und jetzt. Nicht in dem Moment. Das war auch nach mehreren Wochen Meditation so. Mittlerweile klappt es immer besser. Mit jedem Tag. Ich vergleiche das mit einer neuen Sprache, die ich gerade lerne. Am Anfang verstehe ich gar nichts. Mit der Zeit lerne ich es. Ich lerne, ruhig zu sitzen, die Augen zu schließen, im Moment zu sein, achtsam zu sein. Das klappt jeden Tag besser, meist für zehn Minuten. In meinem Kopf kehrt eine gewisse Ruhe ein, eine gewisse Bewusstheit. Das ist ein richtig schönes Gefühl, da oben mal für Ordnung zu sorgen. Die Yoga-Praxis hilft mir auch dabei, mich zu spüren. Auch hier dachte ich am Anfang: Was soll ich denn da? Ich kann mich doch gar nicht bewegen und anstrengend ist das doch auch nicht. Ich darf gerade so viel lernen, so viel Unbekanntes, so viel Zeug, von dem ich lange Zeit nichts hielt. Dieses ganze

Zeug ist jetzt ein wichtiger Teil meines Lebens. Ein sehr wichtiger Teil, der mir nicht nur aus der Depression hilft. Ich steigere meine Lebensqualität dadurch, ich steigere meine Wohlbefinden. Genauso mache ich weiter, genauso geht es.

Jeden Morgen schaue ich vor dem Meditieren aufs Handy, sehe aber keine E-Mail. Keiner der beiden Vermieter hat sich gemeldet – und die Besichtigungen waren nun schon zwei Wochen her. Dann erhalte ich plötzlich einen Anruf.

«Hallo Herr Rinato, hier ist die Hausverwaltung Giesing. Es geht um die Wohnung in der Oefelestraße. Leider haben sie den Zuschlag nicht erhalten. Wir haben uns für einen anderen Bewerber entschieden.»

«Guten Tag, danke für den Anruf. Das ist sehr schade.»

«Viel Erfolg bei der weiteren Suche.»

«Danke.»

Wieder eine Absage für eine Wohnung, in die ich so gerne gezogen wäre. Eine Wohnung, die Glücksgefühle in mir auslöste. Jetzt ist wieder Enttäuschung da. Und es bleibt nur die Wohnung am Westpark. Die Baustelle, die mich nicht wirklich überzeugt hat. Ich bin traurig und brauche Schokolade. Viel Schokolade. Schon wieder. Ich erinnere mich an das letzte Mal mit dem Verlangen. Da habe ich viel zu viel gefuttert, danach war mir tagelang schlecht. Ich erinnere mich also auch an dieses miese Gefühl im Magen und entscheide mich stattdessen fürs Joggen. Auspowern, Musik hören. Kopf durchlüften. Beim Joggen überlege ich schon, was ich jetzt mache. Weiter nach Wohnungen schauen? Es ist ja mittlerweile Juni und ich habe echt keinen Bock mehr auf die WG. Was soll ich machen? Auf der anderen Seite sind es noch ein paar Monate. Ich bin überfordert mit der Situation und warte erst mal ab. Ich kann das Thema in der Gruppentherapie besprechen und mir andere Sichtweisen einholen. Keine Ahnung, ob das was bringt. Ach, ich lasse das. Was sind meine Probleme schon wert?

Es vergeht eine weitere Woche, bis ich endlich Feedback erhalte. Ludo ruft mich mittags an. Ich checke erst gar nicht, dass er ja die Wohnung für mich mieten würde, also bekommt er auch Bescheid.

«Gute Nachrichten! Du hast die Wohnung am Westpark bekommen. Du solltest innerhalb einer Woche entscheiden, meinte die Hausverwaltung. Das ist doch toll, oder?»

«Ja, schon. Eigentlich wollte ich die andere Wohnung, aber das hat ja nicht geklappt.»

«Überleg es dir und schau dir die Gegend nochmal an. Du weißt ja selbst, wie schwierig es war. Die Wohnung wird komplett saniert und passt für eine Person.»

«Ja, aber ich brauche dann auch eine neue Küche, die Wohnung wird komplett leer sein. Ich überlege es mir und gebe dir Bescheid. Danke.»

Ich sollte mich total freuen. Das tue ich auch ein bisschen, aber eben nicht so sehr. Die Enttäuschung über die Absage der anderen Wohnung beschäftigt mich noch. Die zugesagte Wohnung liegt meiner Meinung nach ziemlich außerhalb, auch wenn das total übertrieben ist. Mit der U-Bahn bin ich in acht Minuten am Sendlinger Tor, was ziemlich zentral liegt. Ich bin vermutlich sehr verwöhnt, was die Lage angeht. Ich könnte ja auch erst mal dort einziehen und dann weiterschauen, wenn es mir nicht gefällt. Oder nach Wien ziehen, das habe ich mir ja auch schon fest vorgenommen. Das ist keine Entscheidung für die Ewigkeit. Und Ludo hat recht. Mit dem Krankengeld schaffe ich es nicht, selbst eine Wohnung anzumieten. Ich brauche da immer die Bürgschaft, was problematisch ist. Ich schaue mir auf Maps nochmal die Umgebung an, dann den Grundriss der Bude.

Was ist denn mein Problem? Mir fällt auf, dass ich mal wieder mehr erwarte, als die Realität hergibt. Diese Erwartung kann gar nicht erfüllt werden. Wieso kann ich das nicht akzeptieren und zufrieden sein? Da sträubt sich was in mir und ich strebe nach mehr. Aber wozu? Immerhin erkenne ich das langsam und komme zu dem Entschluss, meine Erwartungen mal auszublenden. Das muss ich noch lernen, um vielleicht nicht so oft enttäuscht zu sein. Ich drehe mich ja nur im Kreis und das tut mir nicht gut. Das gleiche Muster habe ich bei Freundschaften oder im Job. Ich erwarte zu viel, um das Bestmögliche vom Bestmöglichen zu übertreffen. Das ist so anstrengend und mühsam. Manchmal gelingt es mir dadurch, das Unmögliche zu schaffen, wie zum Beispiel aus der Leidenschaft zum Fußball Stadionreporter zu werden und die Weltstars zu interviewen – und das ohne ein Studium oder großes Netzwerk. Das ist mein Antrieb. Aber das kann ich doch bestimmt besser dosieren, klüger anwenden. Ich habe dann immer gleich das Gefühl, ich gebe alles auf, glaube nicht an mich. Entweder ich glaube gar nicht an mich oder ich glaube an Wunder. Ich finde es wichtiger, an Wunder zu glauben, nur darf ich hier nicht in die Erwartung gehen. Da finde ich noch meinen Weg. Ich werde mir das mit der Wohnung nochmal überlegen und eine Nacht darüber schlafen.

Am nächsten Morgen stehe ich auf und fange – wie gewohnt – an zu meditieren. Die Nacht habe ich kaum ein Auge zugedrückt, zu viele Gedanken über die Wohnung blockieren mich. Bei der Meditation gelingt es mir aber, das für zehn Minuten auszublenden. Ich sitze nur da, im Schneidersitz, mit den Handflächen nach oben zeigend auf meinen Knien und atme tief ein und aus. Und nochmal tief ein und aus. Ich spüre in mich hinein und komme zur Ruhe, für einen Moment. Ich denke mir, was habe ich zu verlieren? Ich sehne mich nach dem ersten großen Schritt, dem Schritt raus aus meinem alten Leben, aus meinen alten Gewohnheiten. In ein neues Umfeld, das ich erschaffen will. Nach der Meditation mache ich einen Spaziergang und setze mich mal wieder an die Isar, um die ersten Sonnenstrahlen auf meiner Haut zu spüren. Ich habe jetzt die Möglichkeit, auszuziehen. Ich muss nur ja sagen. Ich kann mir alles selbst einrichten. So, wie ich das will. So, wie ich mich wohlfühle. Niemand kann mir etwas einreden. Ich will mich darauf einlassen. Ich rufe Ludo an und gebe grünes Licht. Im August ziehe ich in meine erste eigene Wohnung. Ich habe jetzt ein Projekt, auf das ich mich freuen kann. Mein Projekt. Ich muss aber noch mit Nicky sprechen, da ich einen Monat früher aus der WG ausziehen werde.

«Das ist kein Problem, kriegen wir hin. Zur Not nehmen wir einen Zwischenmieter für einen Monat.»

Sie legt mir keine Steine in den Weg, es ist alles gut. Jetzt geht es darum, mich um die Einrichtung zu kümmern. Ich muss alles neu kaufen, darunter eine komplette Küche. Da brauche ich erst mal einen Plan, muss wieder in die Wohnung, um alles auszumessen. Ich weiß gar nicht mehr genau, wie sie geschnitten ist. In den letzten Monaten habe ich 5.000 Euro gespart, um die Wohnung einzurichten. Das sollte reichen. Was kostet denn so eine Küche? Ich weiß es nicht. Ikea steht an – und sämtliche anderen Möbelhäuser. Ich habe viel Zeit um mir alles genau anzuschauen. Ich mache daraus ein Riesenprojekt, schließlich will ich mich wohlfühlen. Schließlich ist das mein Start und meine erste große Probe. Halte ich dem Stand? Werde ich überfordert sein? Klappt alles? Wie gehe ich mit Rückschlägen um? Ich stelle mir gleich sehr viele Fragen, auf die ich keine Antwort habe. In der Therapie klappt es ja ganz gut und in meinem Kopf mittlerweile auch. Aber was ist mit der Praxis? Was ist mit den Situationen im echten Leben, da geht das Training nun los. Die Life-Academy kann also beginnen. Und ich bin vorbereitet. Denke ich zumindest.

Ich fange an, eine Liste zu schreiben. Hier steht alles, was ich für die Wohnung brauche. Ich merke schnell, dass ich eigentlich alles brauche. Vom Kochlöffel über Handtücher bis zur kleinen Zimmerpflanze, Besteck, Geschirr, Töpfe, Pfannen und, und, und. Online kann ich ja schon das eine oder andere Schnäppchen ergattern. Das Geld sollte zwar reichen, aber ich will auch nicht an der Qualität sparen, das soll ja schon ein paar Jahre halten. Ich rufe mal Fer an. Er hat bestimmt Zeit.

«Hey, hast du Lust, eine Küche mit mir auszusuchen?»

«Klar, wieso nicht?»

«Super, ich hole dich gleich ab.»

Wir machen die erste Tour zu Ikea und einem Küchenplanungsstudio. Bei Ikea kaufe ich eigentlich ziemlich viel ein – bis auf eine Küche. Wir setzen uns mit einer Mitarbeiterin an einen Rechner und entwerfen eine Küche. Ich merke aber schnell, dass ich bei einem Platz von vier Quadratmetern keinen großen

Spielraum habe. Hinzu kommt, dass es relativ teuer ist, eine Küche entwerfen zu lassen. Das ist schon mal die erste Überforderung. Ich brauche ja auch noch die Elektrogeräte! Wie groß soll der Kühlschrank sein? Wohin soll die Waschmaschine? Passt noch eine Spülmaschine in die Küchenzeile? Puh. Das ist schnell ein Overload, aber das wäre es vermutlich für jeden, der gerade umzieht. Da mache ich mir nichts vor. Stress ist absolut normal. Es kommt darauf an, wie ich mit dem Stress umgehe.

Meistens versuche ich ja, alles alleine zu machen. Alles auf mich abzuwälzen, damit niemand den Stress hat. Nur ich. Ganz alleine. Haha, genau. Damit falle ich schon bald auf die Fresse, schätze ich. Das ist nämlich ein großes Problem für mich. Mich auf andere verlassen, andere mitarbeiten lassen. Lieber mache ich alles alleine. Da weiß ich dann, dass es klappt und wo es herkommt. Die hoffnungslose Überforderung halte ich schon durch. Eine grandiose Einstellung, die mich am Ende eher noch bremst. Der Ikea-Tag hat ein Ende, ich fahre Fer nach Hause und bin ziemlich erledigt. Viel Input, viel zu tun. Erst mal zur Therapie.

«Was passiert denn, wenn Sie andere um Hilfe bitten?»

«Dann zeige ich, dass ich es alleine nicht schaffe. Dass ich versage.»

«Also hat es für Sie mit Versagen zu tun, wenn Sie um Hilfe bitten?»

«Ja, genau.»

Hier wird mein Dilemma auf den Punkt gebracht. Ich war es schon immer gewohnt, alles alleine zu erledigen. Irgendwie ist das mein Ding. Und irgendwie kann ich mich dadurch auf niemanden verlassen, niemandem vertrauen. Sobald ich eine Aufgabe abgebe, ist da ein mulmiges Gefühl. Schafft der andere das? Bin ich zufrieden? Ich muss da definitiv nochmal drüberschauen. Na ja, irgendwann werde ich keine andere Wahl haben, als um Hilfe zu bitten. Wahrscheinlich, wenn ich nicht mehr kann. Wahrscheinlich, wenn ich schon fast am Ende bin. Das Problem sitzt ziemlich tief. Ich frage auch gar keinen nach seiner Meinung, ich kaufe fast im Alleingang das ganze Zeug, gehe oft alleine shoppen. Ich will niemanden damit nerven, belästigen. Ich will nicht, dass jemand seine Zeit für mich opfert und es dann bereut. Dann würde ich mich schuldig fühlen. Mit dieser Schuld will ich dann nicht leben. Also lieber alles im Alleingang.

«Das kann anstrengend sein.»

Mit diesem Satz ist diese Stunde auch vorbei. Für mich hat es eine besondere Bedeutung, was der Therapeut zu mir sagt. Er führt mir sehr simpel vor Augen, was ich da tue. Er übersetzt meine wirren Gedankengänge so, dass selbst ich sie verstehe und sofort etwas ändern möchte. Er zeigt mir die Probleme anhand meiner Aussagen auf. Aussagen, die ich immer besser durchblicke. Das heißt nicht, dass ich das alles direkt auflöse, aber ich sehe es. Ich bemerke es. Es fällt mir auf. Ich sehe meine Themen. Ich sehe die Sachen, die mir nicht guttun und kann sie benennen. Ganz klar und deutlich. So langsam lerne ich mich kennen. Das ist ein großes Geschenk, eingepackt in einer wunderschönen Schleife.

Da ist er jetzt also. Der erste Hinweis, dass ich loslegen kann. Loslegen mit meinem neuen Leben, welches ich mir erschaffen habe. Jetzt, wo die Entscheidung gefallen ist, freue ich mich immer mehr darauf. Die ersten Zweifel sind weg, ich bin im Shopping-Wahn und suche mir coole Möbel und Gegenstände aus. Ich genieße es, mit niemandem etwas besprechen zu müssen. Das musste ich davor eigentlich auch nicht, aber ich habe es gemacht. Jetzt zähle ich. Das fühlt sich befreiend an, wenn auch stressig. Wenn ich noch etwas aus der Depression gelernt habe, dann ist es Geduld. Ich mache kleine Schritte, die Wohnung ist einer davon. Und danach? Keine Ahnung, ich lasse es auf mich zukommen. Das Leben hält schon die richtigen Dinge für mich bereit. Durch den bevorstehenden Umzug setzen sich bei mir weitere Kräfte frei. Eine gewisse Freiheit und Selbstsicherheit ist da.

Ich komme dem Ursprung meiner Depression ein Stückchen näher. Denn ich bin noch lange nicht damit fertig, sie zu hinterfragen. Ich spüre noch oft genug ein Unbehagen, bei all den positiven Aspekten und Gefühlen. Das Grundrauschen wird immer besser, aber ich habe noch nicht alles ergründet. Ich werde nie aufhören zu hinterfragen. Zu fragen: Wieso genau kam die Depression? Ich bin noch nicht am Kern angekommen, glaube ich. Da liegen noch einige Schichten drüber. Schichten, die ich durchdringen will und werde. Es ist so schwierig, manchmal auch hoffnungslos. Wieso bin ich so? Wieso geht es mir so schlecht? Wieso können mich andere Menschen mit ihren Worten so steuern? Was springt da bei mir an? Ich muss zum Beispiel herausfinden, wieso ich mich denn auf niemanden verlasse, wieso ich lieber alles alleine mache. Das hat ja vermutlich einen Schutzmechanismus, den ich direkt einstelle. Ganz unbewusst, ganz automatisch. Das merke ich noch nicht einmal. Je stabiler ich aber werde, umso besser werde ich die Hintergründe verstehen und mit den Problemen umgehen können. Ich arbeite weiter hart an mir selbst. Nur an mir selbst. Das ist der Weg, den ich gehe, da wird niemand etwas sagen können. Ich bin noch lange nicht fertig.

Kaum will ich mich verabschieden, nimmst du die nächste Hürde. Ein Umzug, den du bewerkstelligen möchtest. Ich hoffe, du hast aus der Vergangenheit gelernt und achtest auf dich. Dann kann dein Weg genau so weitergehen.

Was meine Depression sagen will...

Veränderung bedeutet Wachstum

Der Umzug sollte meine nächste harte Probe werden. Ich habe alles gut geplant, aber fast alles alleine bewerkstelligt. Sobald ich Freundinnen und Freunde um Hilfe bat, plante ich das so ein, dass sie mir nur wenige Stunden helfen „müssen", um sie nicht zu lange zu belästigen. Nach dem Umzug lag ich eine Woche flach, da ich das mit der Selbstfürsorge doch noch nicht so gut beherrschte, wie ich vermutete oder – besser gesagt – mir erhoffte. Sofort war die Angst vor einem Rückfall da und ich hatte Panik, weil es mir erneut so schlecht ging. Aber das war falscher Alarm. Ich habe diesen Umzug nicht nur unterschätzt, ich habe auch nicht um Hilfe gebeten. In der Therapie löste ich die Situation auf und erholte mich davon.

Ich lebte mich in den kommenden Wochen langsam ein und begann, das Alleinsein richtig zu genießen. Keine Mitbewohnerinnen und Mitbewohner mehr, keine Rücksicht auf andere nehmen. Ich war total für mich und das war okay so. Es dauerte ein paar Monate, bis ich mich richtig wohlfühlte, bis alle Möbel richtig standen und ich diese Wohnung mein Zuhause nannte.

Im gleichen Zeitraum meldete ich mich arbeitslos, da ich keine Krankschreibung mehr erhielt. Ich solle es in der Berufswelt wieder probieren und langsam machen. Aber das klappte nicht. Ich stabilisierte mich zwar weiterhin, aber an einen Job war noch lange nicht zu denken.

Die Corona-Pandemie zwang uns 2020 alle zur Isolation. Das kannte ich aus meiner Depression ganz gut, ich war geübt und hatte somit keine größeren Schwierigkeiten, mit dem Lockdown klarzukommen. Meine Routinen waren aufgebaut und ich war es gewohnt, niemanden zu sehen. Beruflich schaffte ich allerdings kein Fuß zurück ins Leben. Ich bin durch weitere Höhen und Tiefen gegangen, bin beruflich immer wieder hingefallen. Im Grunde genommen ging mein neues Leben erst so richtig los, denn nun hatte ich diese ganzen mentalen Werkzeuge und völlig neue Bedürfnisse, – aber da war noch mein altes Leben. Ich musste also langsam aus meiner alten Haut wachsen und in eine neue schlüpfen, mir eine neue, strapazierfähige Haut zuzulegen. Sowohl beruflich als auch privat hat sich noch einiges verändert.

So verlängerte sich mein Prozess um ein weiteres Jahr und ich arbeitete auf eine Vision hin. Eine Vision, in der ich meine Erfahrung weitergeben kann. Eine Vision, in der ich strahle. Auch hier sollte die Depression oder – besser gesagt – mein Weg aus der Depression eine zentrale Rolle spielen.

Die Transformation beginnt

In meinem letzten Kapitel spreche ich über meine Vorstellung von meinem neuen Leben. Ich habe auf alles hingearbeitet und mir alles genau notiert, genau visualisiert. Ich erzähle dir von meinem Wunschzustand.

Ich beschreibe einen Zustand, den ich dauerhaft erreichen will. Einen Zustand, der plötzlich eingetreten ist. Ich sehe es als kleine Belohnung, als kleinen Appetizer, wie das Leben so für mich aussehen kann. Das ist möglich, so kann ich leben, so kann ich fühlen. Diese Momente sind für mich eine weitere Motivation, genauso weiterzumachen. Offen mit der Krankheit umzugehen, offen mit mir selbst zu sein. Ehrlich zu sein. Es ist eine Bestätigung, dass ich die Zeichen erkannt habe. Dass ich mein Leben als Wunder akzeptiere und es leben kann. Ich genieße dieses Gefühl gerade. Es ist so viel schöner, als in einem tiefen Loch zu sitzen. Auf dieses Gefühl will ich hin arbeiten. Ich will das – so oft es geht – erleben. Ich will eine gewisse Gleichmäßigkeit erleben. Es kann nicht immer alles schön sein und das ist auch genau richtig so. Wichtig ist, wie ich mit den Erlebnissen umgehe, wie ich auf Situationen blicke. Aber dieser Glückszustand ist magisch. Und es ist das pure Leben:

🌿 Ich spüre langsam, dass in mir etwas entsteht. Etwas sehr Aufregendes. Es ist ein High-Gefühl. Ich spüre, wie das innere Glück erwacht und größer wird, wie es raus will. Ich erkenne es langsam und ich kann nicht aufhören zu grinsen. Dabei bin ich weiterhin arbeitslos, bekomme keinen Job. Mein Dispo ist fast ausgereizt, von einer Beziehung bin ich zu dem Zeitpunkt auch weit weg. Aber das alles ist egal, merke ich. Das alles juckt mich nicht, denn es geht mir so gut. Ich habe das Gefühl, dass ich viel erreichen kann. Ich habe das Gefühl, dass mich gerade nichts umhauen kann. Ich finde den Zugang zu mir selbst, den kann mir niemand nehmen, den kann auch niemand verstehen. Ich verstehe mich selbst, das ist ein unbeschreiblich geiles Gefühl. Aber das ist erst der Anfang. Jetzt habe ich auch eine Verantwortung. Ich denke schon weiter.

🌿 Ich muss raus in die Welt, es verteilen, damit es so viele Menschen wie möglich fühlen. Damit so viele Menschen wie möglich das gleiche Glück spüren dürfen. Dieser Zugang hat so einen unfassbaren Wert, so ein unfassbares Glücksgefühl, eine Zufriedenheit, die ich so noch nie erlebt habe. Und ich werde weiter wachsen, indem ich meine Erfahrung teile. Jetzt stellt sich nur die Frage, was tue ich damit? Es ist völlig klar, dass etwas passieren wird. Ich muss einfach nur da sein, es sehen und zulassen. Und dann loslegen!

 In diesem Jahr hat sich alles irgendwie ergeben, ich habe nach und nach gelernt, auf Zeichen zu achten. Mit Ungeduld erreiche ich nichts. Ich kann nicht glauben, dass sich alles gerade so krass verändert. Das Glück breitet sich in mir aus, ohne Grenzen. Bekomme ich noch die Zeichen der Überforderung rechtzeitig? Ich muss mich immer wieder hinterfragen, schon gleich am Anfang. Ein Schritt nach dem anderen, jetzt nichts überstürzen, ich führe mein Leben. Ich kann mich entspannen.

Ich habe eine Vision: Ein Herzensprojekt. Ich will meine Erfahrung und meine Erlebnisse weitergeben und zeigen, wie man aus so einer schwierigen Phase und einer Depression eine unheimliche Kraft erzielen kann. Ich sollte meine Strahlkraft nutzen, um diese Energie so vielen Menschen wie möglich weiterzugeben. Das ist meine Pflicht. Ich denke bereits weiter. Ich habe noch so viel zu erledigen. Einen Job, meine Beziehungen zu Freunden und Familie entschlüsseln und harmonisieren, vielleicht selbst eine Beziehung aufbauen. Ich bin mir sicher, da werde ich noch einige Male hinfallen. Und um eines vorweg zu nehmen, ich falle auch noch einige Male hin. Das gehört dazu.

Ich nehme das Leben mit seinen Höhen und Tiefen an. Und ich kann jetzt loslegen, wieder Höhen zu fühlen, zu erleben. Ich bin schon gespannt, was das Leben in den kommenden Monaten für mich bereithält. Ich bin dankbar.

Schluss

Ich treffe alle Entscheidungen meines Lebens selbst. Dabei ist es völlig egal, ob sie positive oder negative Resultate ergeben. Wie Don Miguel Ruiz in seinem Konzept *Die vier Versprechen* treffend formuliert:

«Es mag sein, dass wir dem Schicksal des Menschen nicht entkommen können, doch haben wir eine Wahl unser Dasein zu erleiden oder zu genießen. Zu leiden, oder zu lieben und glücklich zu sein.»

Die Depression war die Konsequenz aus meinem bisherigen Leben. Die Depression hatte eine Funktion. Sie zeigte mir auf, was im Leben falsch gelaufen ist. Sie zeigte mir, dass ich so nicht weitermachen sollte. Ich kann schon so weitermachen, aber dann leide ich weiter. Für manche mag das einfacher zu sein, weil der Weg zur Genesung so weit weg erscheint. Und so schwierig. Ganz ehrlich, dieser Weg ist wahnsinnig schwierig, kostet wahnsinnig viel Kraft, Geduld und Zuversicht. Und genau diese Kraft steckt in mir. Ich glaube aber auch, dass diese Kraft in jedem von uns steckt. Ich habe keine Sekunde gezögert und mich dazu entschieden, wieder gesund zu werden, diese Krankheit anzunehmen. Ich habe mich entschieden, die Depression zu fühlen und genau hinzuschauen. Ganz genau, mit all den Tränen, die einfach raus wollten.

Ich habe mich entschieden, mein Leben anders zu gestalten. Kraftvoller, besser, liebevoller, dankbarer, selbstbezogener. Das alles ist ein Prozess, den ich gerade erst begonnen habe. Aber meine Einstellung ist der Schlüssel. Wie will ich mich fühlen? Will ich krank und unglücklich sein? Nicht in der Lage sein, Bindungen zu Menschen aufzubauen? Nein! Ich will Freude, Dankbarkeit und Liebe empfinden. Ich entscheide mich dafür, Freude, Dankbarkeit und Liebe zu empfinden. Das passiert nicht auf Knopfdruck und auch sicher nicht wie von Zauberhand. Aber durch die Achtsamkeit lerne ich, die Chancen zu erkennen. Ich sehe nun, wenn mir das Leben die Hand reicht. Eine Handreichung voller Liebe und Akzeptanz. Ich bekomme unzählige Chancen, etwas Gutes für mich zu tun. Auch vor der Depression habe ich das bemerkt, aber mir fehlte das Werkzeug, um es zu sehen und anzunehmen. Um daraus etwas Gutes zu machen. Um mich dafür zu entscheiden. Ich habe mich schon vor der Depression anders gefühlt, aber ich wusste nicht, wieso das so ist.

Ich fühlte mich so oft fehl am Platz, nicht richtig. Dadurch wurde ich auch oft verurteilt. Ich wurde verurteilt, anders zu sein. Empfindlich und sensibel waren die Eigenschaften, die mir oft an den Kopf geworfen werden. Ich habe es geglaubt. Ich habe geglaubt, dass ich sensibel und empfindlich bin, weil ich nicht so war, wie andere sich das wünschen. Weil ich nicht so war, wie andere sind. Weil andere auch nicht akzeptieren, dass jeder Mensch anders ist. Es war so erdrückend, sich nicht richtig zu fühlen. So erschwerend, dass ich mir fast das Leben nehmen wollte. Und wieso? Weil ich mir den Scheiß einreden ließ. Weil ich mir irgendwann sicher war, dass ich nicht richtig sein kann. Dass ich auf dieser Welt falsch bin, unnötig, wertlos. Ich habe mich dann genauso verhalten, wie mein Umfeld mich formte. Ich bin in diese Rolle geschlüpft, als perfekter Schauspieler für alle um mich herum. So habe ich es allen recht gemacht. Aber mir selbst eben nicht. Ich habe die Zeichen nicht erkannt.

Jetzt sehe ich es klar und deutlich vor mir. Ich bin richtig in dieser Welt, genauso wie ich bin. Vorher war da viel Nebel, die Sicht war stark eingeschränkt. Ich konnte gerade so durchblinzeln, mich durchmogeln. Irgendwie hat es schon gepasst. Bis zu einem gewissen Zeitpunkt. Die Depression hat mir die Chance gegeben, den Nebel aufzulösen und alles wahrzunehmen. Zu sehen, dass ich auf mich achten muss. Dass ich wertvoll bin. Dass ich mich akzeptieren darf und dass ich ein verdammt cooler Typ bin.

Ich feiere meine Depression. Ich feiere diese Erfahrung, diese einzigartige Erfahrung, die mich im Leben viel weiter bringt als jeder Job, jede Beziehung, jedes Geld oder jede Reise. Für mich ist es die schmerzvollste und ehrlichste Art, zu meinem Ursprung zu finden.

Ich habe mit 28 die Chance erhalten, meine Verhaltensmuster zu ändern, zu meinem Gunsten. Ich war auch vor der Depression ein zufriedener Mensch. Aber es war ganz schön anstrengend zu funktionieren und gleichzeitig auf mich zu achten. Jetzt komme ich an erste Stelle. Und durch meine Zufriedenheit muss ich mich auch nicht mehr anpassen, denn ich werde akzeptiert. Durch Achtsamkeit und diesen vollzogenen Lernprozess ist es so viel schöner, so kraftvoller, intensiver, freudiger, lebenswerter. Ich möchte kein Gefühl mehr unterdrücken oder überspielen, mit materiellem Zeug überdecken. Ich möchte jedes Gefühl erleben und das Erlebte mit anderen Menschen teilen. Dafür bin ich hier. Es fühlt sich so an, als würde ich aus einem Tiefschlaf erwachen. Jetzt kann mein Leben losgehen. Jetzt bin ich wach.

Dank

Es fühlt sich komisch an, denn mir ist noch gar nicht wirklich bewusst, dass ich ein Buch veröffentlicht habe. Alleine schon die Tatsache, allen meinen Dank auszusprechen, die mich bei diesem Prozess (bewusst und unbewusst) begleiteten, ist für mich ein unheimlich tolles Privileg. Ich war während der Depression sehr oft alleine und arbeitete still, heimlich und unauffällig an mir selbst. Aber ohne diese Personen wäre dieses Projekt noch viel schwieriger gewesen. Es geht um Freund:innen, Ärzt:innen, Therapeut:innen, Verleger und meinen Partner, der das Manuskript als erstes lesen durfte und mir das Selbstvertrauen gibt, dass ich in schwierigen Phasen benötige. Er zweifelte keine Sekunde an mir und vermittelte mir, dass ich etwas Großartiges geschaffen habe. Dann ist da auch mein bester Freund, der mich tagtäglich erlebte und meinen Prozess hautnah mitbekam. Ein weiterer Freund überraschte mich mit einem designten Buch-Cover, als ich eigentlich nur ein Logo für meinen Instagram-Kanal erstellen wollte. Von da an stand fest, dass ich dieses Buch bald veröffentlichen werde und das Buch-Cover zierte mein Visionsboard, auf das ich jeden Morgen und jeden Abend blickte. Ich danke auch allen Menschen, zu denen ich in der Zeit Kontakt hatte. Denn es geht für mich auch darum, zu lernen und zu wachsen – und dazu gehört jede Erfahrung.

Ich möchte mich an dieser Stelle auch von Herzen für die fantastische Psychotherapie, die ich bei meinem Therapeuten absolvieren durfte, bedanken. Er gab mir von Anfang an das Gefühl, richtig zu sein. Er zeigte mir auf, dass mit mir alles gut ist. Er ebnete mir den Weg, immer den Spiegel vorhaltend, und erinnerte mich an die Person, die ich eigentlich bin. An die Person, die so viel Freude und Liebe in diese Welt trägt.

Ich danke euch!

ZUGANGSCODE – KOSTENFREIES EBOOK

Gehen Sie auf epub.lemonmedia-verlag.de
oder scannen Sie den QR-Code und geben Sie
Ihren Zugangscode ein um, Ihr kostenfreies
eBook herunterzuladen.

epub.lemonmedia-verlag.de

U5NO-RADF-E0WC

Wir wünschen Ihnen viel Freude beim Lesen!

Printed in Poland
by Amazon Fulfillment
Poland Sp. z o.o., Wrocław